渔业船员培训系列教材

渔船避碰与值班

（船长、船副）

主　编　刘新亮　黄振凯
主　审　卜仁祥

大连海事大学出版社

图书在版编目(CIP)数据

渔船避碰与值班 : 船长、船副 / 刘新亮,黄振凯主编. — 大连 : 大连海事大学出版社, 2018.3(2025.3 重印)
渔业船员培训系列教材 / 卓永强主编
ISBN 978-7-5632-3623-7

Ⅰ.①渔… Ⅱ.①刘… ②黄… Ⅲ.①渔船—船舶航行—避碰规则—技术培训—教材 Ⅳ.①U674.4②U692.1

中国版本图书馆 CIP 数据核字(2018)第 048908 号

大连海事大学出版社出版

地址:大连市黄浦路523号 邮编:116026 电话:0411-84729665(营销部) 84729480(总编室)
http://press.dlmu.edu.cn E-mail:dmupress@dlmu.edu.cn

大连金华光彩色印刷有限公司印装 大连海事大学出版社发行

2018 年 3 月第 1 版 2025 年 3 月第 5 次印刷
幅面尺寸:184 mm×260 mm 印张:9.5
字数:229 千 印数:6001~7500 册

出版人:刘明凯

责任编辑:张 华 责任校对:刘若实
封面设计:解瑶瑶 版式设计:张爱妮

ISBN 978-7-5632-3623-7 定价:27.00 元

总 序

中国大陆海岸线长达 18 000 多千米,岛屿海岸线长达 14 000 多千米,管辖海域约为 300 万平方千米,属于海洋大国。中国海域蕴藏着丰富的资源,特别是海洋渔业资源,中国近海和外海鱼类最大持续渔获量约为 735 万吨。2016 年我国渔业人口约为 2016.96 万人,其中传统渔民 678.46 万人,渔业从业人员 1414.85 万人。高素质的渔业船员队伍是实现渔业安全生产和渔业经济持续健康发展的重要基础。为适应海洋渔业资源开发形势的发展,规范全国渔业船员教育培训工作,推动《中华人民共和国渔业船员管理办法》实施,广东海洋大学组织在渔业船员培训领域有着丰富教学和培训经验的专家编写了此套“渔业船员培训系列教材”,并组织教学和实践经验丰富的航海类专业的教授、船长和轮机长对教材进行了审定,以提高培训质量,提高渔业船员的综合素质。

“渔业船员培训系列教材”的出版是渔业船员培训工作的一件大事,满足了广大渔业船员备考之需,对提高教学、培训质量和我国渔业船员整体素质具有积极作用,同时也对《中华人民共和国渔业船员管理办法》的实施起到了很好的推动作用。

在本套教材出版之际,我衷心希望广大渔业船员刻苦学习,认真实践,不断提高自己的文化和业务素质,为渔业生产安全和防止水域污染、保护海洋环境做出更大贡献。

在此,谨向参加教材编写工作的同志及为此付出过辛勤劳动的同志们表示衷心的感谢!同时希望大家继续为建设海洋强国而努力!

中国海洋学会理事长 张连增

2018 年 3 月

内容提要

本书共分 2 篇 11 章。第一篇为国际避碰规则，包含 7 章内容：第一章为总则，介绍了国际避碰规则的适用范围和一般定义；第二章为号灯与号型，介绍了号灯、号型、声响和灯光信号的作用、显示和识别的相关知识；第三、四、五章为行动条款，从法律规范和技术规范两个角度介绍了船舶在任何能见度、互见中以及能见度不良情况下的行动规则和避碰要点，并结合《渔船作业避让暂行条例》对渔船的避让行动进行了概述；第六章为责任条款，介绍了责任的主体和疏忽的表现，以及可以背离规则的条件和注意事项；第七章为渔船值班，介绍了渔船航行值班对船长和航行值班人员的要求以及渔船航行值班、捕捞作业值班和交接班的要求。第二篇为渔船避碰操作指南，包含 4 章内容：第八章为渔船避碰设施配备，介绍了渔船信号设备的配备要求；第九章为商、渔船碰撞事故特点和成因，主要分析了中国沿海商、渔船碰撞事故的特点和成因；第十章为渔船避让商船的措施，介绍了针对渔船驾驶员所需要注意的避让商船的注意事项；第十一章为碰撞后渔船的应急处理方法，介绍了渔船应急处理、海上求生等。

本书为渔业船员适任考试培训教材，也可供渔业监督管理机构和渔业船员培训机构人员学习参考。

前　言

为提高渔业船员培训质量，根据农业部颁布的《中华人民共和国渔业船员管理办法》和《农业部办公厅关于印发渔业船员考试大纲的通知》的要求，广东海洋大学组织在渔业船员培训领域有着丰富教学和培训经验的专家编写了本套“渔业船员培训系列教材”，并组织教学和实践经验丰富的航海类专业的教授、船长和轮机长对教材进行了审定。

在编写教材前，编者对渔业船员现状进行了调研。在准确把握渔业船员应具备的业务素质的前提下，本套教材的编写以应知应会的知识技能为基础，注重理论与实际相结合，强调船员对相关法律法规的学习与掌握。

本套教材作为渔业船员适任考试培训教材，能够满足渔业船员适任考试培训的需要，为船员的业务学习提供帮助，从而提高渔业船员整体素质。本套教材还可供渔业监督管理机构和渔业船员培训机构人员学习参考，以促进渔业监督管理水平和考前培训质量的提高。

本套教材分高级船员驾驶专业、高级船员轮机专业、基本知识及安全技能3部分，共10种。其中，高级船员驾驶专业包括《航海与气象》《渔船船艺与操纵》《渔船避碰与值班》《渔船船舶管理》4种教材，适合船长、船副适任考试培训使用；高级船员轮机专业包括《渔船动力装置》《渔船辅机》《渔船电气》《渔船轮机管理》4种教材，适合轮机长、管轮适任考试培训使用；基本知识及安全技能包括《小型渔船机驾》和《渔船基本安全》2种教材。本套教材由卓永强教授担任总主编，范少勇副教授、船长和余培文博士担任副总主编。

《渔船避碰与值班》由广东海洋大学刘新亮、黄振凯主编。全书由刘新亮统稿。

本书由大连海事大学卜仁祥博士、副教授主审。

本书的编写得到了渔政管理部门领导和专家的关心和指导，得到了相关管理部门和渔业公司的大力支持和帮助，在此一并表示衷心感谢！

由于编者水平有限，书中难免存在错误和疏漏，希望广大读者和专家批评指正。

编　者

2017年11月

目　录

第一篇　国际避碰规则

第二篇　渔船避碰操作指南

第一篇　国际避碰规则

第一章　总则

第一节　适用范围

本节概要:《1972年国际海上避碰规则》(以下简称规则)作为保证海上安全重要法规,不仅具有行政法规的强制性,还具有技术指导性。本节重点介绍规则的适用范围,包括适用的水域和船舶、地方规则、额外信号、分道通航制以及特殊构造或用途船舶的有关规定。

一、规则内容

(1)本规则条款适用于公海和连接于公海而可供海船航行的一切水域中的一切船舶。

(2)本规则条款不妨碍有关主管机关为连接于公海而可供海船航行的任何港外锚地、港口、江河、湖泊或内陆水道所制定的特殊规定的实施。这种特殊规定,应尽可能符合本规则条款。

(3)本规则条款不妨碍各国政府为军舰及护航下的船舶所制定的关于额外的队形灯、信号灯、号型或笛号,或者为结队从事捕鱼的渔船所制定的关于额外的队形灯、信号灯、号型的任何特殊规定的实施。这些额外的队形灯、信号灯、号型或笛号,应尽可能不致被误认为本规则其他条文所规定的任何号灯、号型或信号。

(4)为实施本规则,可以采纳分道通航制。

(5)凡经有关政府确定,某种特殊构造或用途的船舶,如不能完全遵守本规则任何一条关于号灯或号型的数量、位置、能见距离或弧度以及声号设备的配置和特性的规定时,则应遵守其政府在号灯或号型的数量、位置、能见距离或弧度以及声号设备的配置和特性方面为之另行确定的尽可能符合本规则条款要求的规定。

二、内容剖析

(一)适用的水域及船舶

1. 适用的水域

(1)公海

根据《联合国海洋法公约》,公海指各国内水或群岛水域、领海及专属经济区以外的,不受任何国家主权管辖或支配的海域。按照该公约的规定,海域分类如图 1-1 所示。

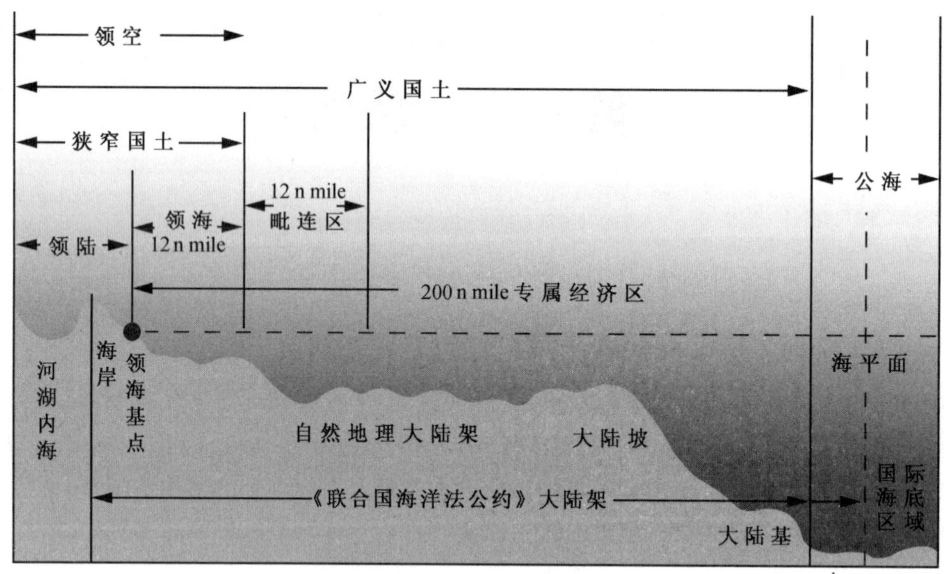

图 1-1 海域分类示意图

(2)连接公海的一切水域

连接公海的一切水域通常指专属经济区、领海、内海以及与海相连并可供海船航行的港口、江河、湖泊等一切内陆水域,内流河以及内湖除外。

(3)可供海船航行

"可供海船航行"强调的是适用规则的必备条件,这里特指"海船",不可换成"船舶""商船"等。

2. 适用的船舶

(1)适用水域内的一切船舶。

(2)不限于海船:包括内河船、军舰、政府公务船、潜水艇在水面航行时,水上飞机在水面起飞、降落、滑翔时,在规则所指水域内航行、锚泊、搁浅的船舶,但不包括系岸或在船坞修理的船舶。

(3)规则关于避碰行动的规定:在我国管辖的水域内,非机动船(包括使用人力、风力、拖力的非机动船)不适用规则。

(4)状态为"在水上",包括接触水面和不接触水面(非排水状态,如气垫船高速航行时)

两种状态,但不包括潜水状态。

(二)特殊规则

1. 特殊规则的含义

各种沿海国主管机关在其管辖的水域中制定的“地方规则”或港章,如我国的《内河避碰规则》、各港港章等。

2. 制定特殊规则的机构或组织

“有关主管机关”,通常指缔约国主管国家水上交通安全的机关以及经授权的地方当局。

3. 可以制定特殊规则的水域

制定特殊规则的水域包括港外锚地、港口、江河、湖泊或内陆水道。

4. 制定特殊规则应当遵循的原则

制定特殊规则应当遵循的原则就是应尽可能符合规则的各条规定。

5. 特殊规则与规则的关系

(1)规则条款不妨碍特殊规定的实施;

(2)特殊规则和规则同时适用时,特殊规则优先适用;

(3)特殊规则的规定与规则的缔约国国内规定不一致时,应执行特殊规则的规定;

(4)特殊规则没有规定的事项仍然应当执行规则。

(三)额外的队形灯、信号灯、号型或笛号

1. 制定机构

“各国政府”,应注意与制定特殊规则的机构(各国主管机关)的差别。

2. 适用的船舶

(1)额外的队形灯、信号灯、号型或笛号适用于“军舰及护航下的船舶”;

(2)“结队从事捕鱼的渔船”没有额外的笛号的规定;

(3)仍然应当显示规则规定的号灯、号型或鸣放适当的声号。

3. 制定原则

为避免造成识别上的误解,对这些额外的队形灯、信号灯、号型或笛号的特殊规定的制定,规则要求其应尽可能不致被误认为规则其他条文所规定的任何号灯、号型或信号。

(四)分道通航制规定的适用

(1)规则第十条仅适用 IMO 采纳的分道通航制;

(2)无论 IMO 是否采纳某一分道通航制,除第十条外,规则其他条款仍然适用该水域(只要该分道通航制处于规则适用水域);

(3)无论 IMO 是否采纳某一分道通航制,船舶都应遵守主管机关为其制定的特殊规定。

（五）特殊构造或用途的船舶的号灯、号型与声号设备

1. 制定机构

“有关政府”，应注意与制定特殊规则的机构的差别。

2. 适用船舶

（1）特殊构造或用途的船舶，如航空母舰、部分工程船舶等；

（2）如果这些船舶可以达到规则要求时，应当按照规则要求设置号灯、号型。

3. 制定原则

在技术细节方面应尽可能符合规则的规定。

4. 识别要求

驾驶人员应当充分注意某些船舶的号灯、号型（尤其是前者）与常规船舶的差别，例如，航空母舰上只有一盏桅灯；某些客滚船及大型集装箱船舶通常将舷灯置于船首，距前桅灯距离较后桅灯近等。

第二节　一般定义

本节概要：本节对规则中常见的13个基本定义进行了诠释，这些定义在整个规则中均有体现，重点介绍定义的界定范围，准确地掌握定义，为规则的运用打下基础。

一、船舶

（1）定义：“船舶”一词，指用作或能够用作水上运输工具的各类水上船筏，包括非排水船筏、地效船和水上飞机。

（2）“能够用作水上运输工具”指虽不作为运输工具（或不作为水上运输工具）而设计，但作为（或可以作为）水上船筏而使用。

①拖航中的钻井平台；

②在水面的潜水艇等。

（3）专用作助航标志的灯船或作为浮码头的趸船因不作为（或不能作为）运输工具而不属于规则中所指的船舶。

（4）非排水船舶指航行时基本上或完全不靠浮力支撑船舶的重量而脱离水面的船舶，如水翼船、气垫船、滑翔艇等。

（5）在规则条文中引用“船舶”一词时，往往因为上下文另有要求，其具体所指并不同于一般定义的船舶。

二、机动船

（1）定义：“机动船”一词，指用机器推进的任何船舶。

（2）通常理解：

①“用机器推进”并不指装有机器或可以用机器推进的船舶，装有机器而未使用的驶帆的船舶应视为帆船（见帆船定义）；也并不指正在使用机器推动的船舶，因停止主机而处于在航状态（对水或不对水移动）的机动船，仍视为机动船。

②将“用机器推进”理解为“装备推进器”更接近于原意和规则精神，就一般定义而言，用机器推进的任一船舶，一旦构成后续条款所定义的失控船、操纵能力受到限制的船舶或者正在从事捕鱼的船舶（还有拖带顶推作业、限于吃水、地效船、水上飞机等），仍属于机动船，但在具体的规则条款中，则需要根据上下文是否有特殊要求来判断（是否遵守对机动船的要求）。

（3）应当遵守规则为其制定的特殊要求（如有）：

①第十八条关于让路（或直航）和不应妨碍的规定；

②在能见度不良时（在航）应当鸣放一长二短的声号；

③如果没有特殊要求，则应当按照机动船执行规则；

④在互见中（在航）应当遵守第三十四条关于操纵声号的规定；

⑤在能见度不良时（航行）应当遵守备车的规定；

⑥规则上下文或某些条款本身可能做出了选择性规定。

三、帆船

（1）定义：“帆船”一词，指任何驶帆的船舶，包括装有推进器而不在使用者。

（2）在航帆船未装有推进器，即使该船不在驶帆，也应视其为帆船。

（3）机帆船驶帆而不使用推进器者为帆船，应遵守有关帆船的特殊（相对于机动船）规定，例如：第十二、十八、二十五条避碰行动的规定。注意：机帆船使用推进器，无论是否驶帆均应视为机动船，应遵守规则对机动船的规定。

（4）通常认为：

①“帆船”与“机动船”定义的出发点是推进方式，通常认为两类船舶之间不存在重合或交叉。

②机帆船处于既不驶帆也不使用机器推进的状态，尚不能根据规则关于“帆船”与“机动船”定义确定其种类。

③在机帆船构成帆船（驶帆而不使用机器），但没有特殊规定时，也不能确定其是否应遵守关于机动船的规定。例如能见度不良时，是否应当按照机动船的要求将机器做好随时操纵的准备。

④从安全的角度出发，后两种情况，机帆船最好作为机动船来执行规则。

⑤实际情况中，其他船舶可以根据机帆船显示的号灯及号型来确定其种类。

（5）合理解释：

①如果没有特殊的规定，应当遵守关于机动船的规定；

②能见度不良时，机帆船应当将机器做好随时操纵的准备；

③机帆船除了在驶帆而不使用机器外，不再构成帆船；

④如果其既不驶帆也不使用机器推进，应当按照机动船显示号灯、号型。

四、从事捕鱼的船舶

（1）定义："从事捕鱼的船舶"一词，指使用网具、绳钓、拖网或其他使其操纵性能受到限制的渔具捕鱼的任何船舶，但不包括使用曳绳钓或其他并不使其操纵性能受到限制的渔具捕鱼的船舶。

（2）从事捕鱼的船舶条件：

①含义不同于渔船；

②正在从事捕鱼作业（通常指从放网开始到收网完毕的过程）；

③所使用的渔具是使其操纵性能受到限制；

④推进方式可以是用机器推进，也可以是驶帆推进。

（3）不属于规则所定义的"从事捕鱼的船舶"的情况：

①正在赶往渔区的船舶；

②使用曳绳钓、手钓捕鱼时；

③航测鱼群的围网船组；

④追逐起水鱼群的围网船组；

⑤对拖渔船中等待起网的另一艘船；

⑥其他脱离渔具的漂流中的渔船或定置渔具作业的渔船。

五、水上飞机

（1）定义："水上飞机"一词，包括为能在水面操纵而设计的任何航空器，如图 1-2 所示。

（2）水上飞机不包括：

①在水面上迫降的遇险飞机；

②非排水状态的气垫船；

③非排水状态的地效船。

（3）在空中飞行的"水上飞机"仍属于规则定义的"水上飞机"及"船舶"，但不属于规则"适用"的船舶。

（4）在水面上的水上飞机才按规则适用的船舶论，按照规则第十八条规定进行避让。

（5）除非为水上飞机额外规定了责任与义务，水上飞机通常应从属于机动船的范畴。

六、失去控制的船舶

（1）定义："失去控制的船舶"一词，指由于某种异常情况，不能按本规则条款的要求进行操纵，因而不能给他船让路的船舶。

（2）失去控制的船舶异常情况：

①主机或舵机发生故障；

②车叶损坏或舵叶丢失；

③船舶发生火灾，造成船舶处于危险之中；

④锚泊船在大风急流中走锚；

图 1-2　水上飞机

⑤处于无风中的帆船；

⑥大风浪中航行致使船舶不能变向和变速。

(3)必要条件：

①不能按本规则各条要求进行操纵，因而不能给他船让路；

②完全丧失按本规则各条要求进行操纵的能力；

③无法达到本规则各条要求的操纵目的；

④只能根据安全的需要进行操纵，而无法按规则的要求进行操纵。

七、操纵能力受到限制的船舶

(1)定义："操纵能力受到限制的船舶"一词，指由于工作性质，使其按本规则条款的要求进行操纵的能力受到限制，因而不能给他船让路的船舶。"操纵能力受到限制的船舶"一词应包括，但不限于下列船舶：

①从事敷设、维修或起捞助航标志、海底电缆或管道的船舶；

②从事疏浚、测量或水下作业的船舶；

③在航中从事补给或转运人员、食品或货物的船舶；

④从事发放或回收航空器的船舶；

⑤从事清除水雷作业的船舶；

⑥从事拖带作业的船舶，而该项拖带作业使该拖船及其被拖物体驶离其航向的能力严重受到限制者。

操纵能力受到限制的船舶如图 1-3 所示。

(2)操纵能力受到限制的船舶的原因：

①工作性质；

②正在从事某项工作或作业；

③不限于规则提及的 6 种；

④不包括进行测速和罗经差校正等常规操作，也不包括捕鱼。

(3)必要条件：

图 1-3　操纵能力受到限制的船舶

①为保证工作或作业的正常进行,按本规则各条款要求进行操纵的能力受到限制;
②不能给他船让路。

八、限于吃水的船舶

(1)定义:“限于吃水的船舶”一词,指由于吃水与可航行水域的水深和宽度的关系,致使其驶离航向的能力严重地受到限制的机动船。

(2)限于吃水的船舶原因:吃水和可航水域的水深及宽度的关系。

(3)条件:

①驶离航向的能力严重地受到限制;
②只能存在于“在航”状态;
③属于机动船的范畴;
④只能由机动船构成;
⑤如果有特殊要求或规定,则应当遵守其特殊规定;
⑥如果没有特殊规定,则应当遵守机动船规定。

九、在航

(1)定义:“在航”一词,指船舶不在锚泊、系岸或搁浅。

(2)锚泊:

①锚泊指抛锚时锚牢固地抓住海底的状态;
②系靠于另一锚泊船视为锚泊;
③锚因意外被海里障碍物钩牢;
④不包括利用锚协助掉头、抛下卸掉锚的锚链以抗风浪以及走锚的情况。

(3)系岸：

①船舶依靠缆绳系牢与泊位的状态；

②靠泊时第一根缆上缆桩开始至离泊时最后一根缆解清为止；

③系浮筒的船舶通常按照系泊论；

④系靠于另一系岸船视为系岸。

(4)搁浅：

①全部或部分搁置浅滩，丧失或部分丧失浮力；

②可能可以局部移动或转动。

(5)在航：

在航分为对水移动(即对水有相对速度，由船舶惯性引起)和不对水移动(即对水没有速度，在水面随波漂浮)两种状态。

(6)典型情况：

①走锚的船舶属于在航；

②在航时操纵用锚(如拖锚航行或拖锚掉头)应视为在航。

十、“长度”和“宽度”

船舶的“长度”和“宽度”指船舶的最大长度和最大宽度。

十一、互见

(1)定义：只有当一船能自他船以视觉看到时，才应认为两船是在互见中。

(2)“能看见”：

①“能看见”必须以“看见的事实”来确定，即能看到他船或被他船看到；

②“不能看见”却不能以“未看见的事实”来认定，由于瞭望疏忽而造成的未看见不属于不互见；

③看见的是他船的形体、号灯和灯光信号，而非雷达、AIS 或者声响信号。

(3)并不是互相能看见：

①以一船看见另一船为依据；

②不以“相互看见”为依据。

(4)手段：

①用“视觉”；

②包括使用望远镜等光学仪器。

(5)条件：

①观测到他船指能确定他船的状态及两船的会遇势态；

②只能见到他船影子而看不清轮廓或夜间看不清他船号灯时不应认为是互见；

③互见存在于任何能见度情况。

十二、能见度不良

(1)定义:"能见度不良"一词,指任何由于雾、霾、雪、暴风雨、沙暴或任何其他类似原因而使能见度受到限制的情况。

(2)能见度不良的原因:

①雾、霾、雪、暴风雨、沙暴;

②其他任何类似原因,如船上或者岸上的烟雾等。

(3)结果:

①能见度受到限制;

②规则未做定量的规定,随天气现象而变化,中远的雾航规定是"能见距离小于5 n mile"。

(4)特殊情况:

①被居间障碍物遮蔽而相互看不见的情况不属于能见度不良;

②能见度不良并不是指船舶无法用视觉看见他船;

③能见度不良时也存在互见的情况。

十三、地效船

(1)定义:"地效船"一词系指多式船艇,其主要操作方式是利用表面效应贴近水面飞行。

(2)"地效船"是一种主要利用表面效应(机翼在贴近地面或水面飞行时升力增大的现象)以提高升力的飞行器。

(3)"地效船"有多种操作方式:

①可以在水面操纵;

②(部分地效船)可以在空中飞行;

③也可贴近水面利用表面效应飞行,这是地效船的主要操作方式。

(4)地效船还存在起飞、降落的操作状态或过程,其中部分时间仍然在水面上(接触)航行。

①无论"地效船"处于何种状态,均属于规则定义的"地效船";

②"地效船"从属于机动船;

③在不同状态下,其责任和义务不同(见规则第十八条)。

本章思考题

1. 规则的适用范围包括几个方面的内容?

2. 如何理解规则和地方规则之间的关系?

3. 一条渔船在什么情况下是从事捕鱼的船舶,什么情况下是普通机动船?

第二章　号灯与号型

第一节　号灯与号型概述

本节概要:本节介绍号灯与号型的作用(表示船舶的动态、大小、种类和工作性质),值班人员应能识别并按照要求显示相应的号灯与号型,为互见中船舶避碰行动提供依据,保证船舶安全。此外,本节还诠释了号灯与号型的适用范围和显示时间,船舶驾驶人员应该牢记并严格遵守。

一、号灯与号型的作用

(1)表明船舶的存在;

(2)表明船舶的动态,如舷灯和艉灯表示在航;

(3)表明船舶的工作性质或船舶的种类,如垂直红白红三盏环照灯和球菱球号型表示操纵能力受到限制;

(4)表明船舶正在进行的作业或执行的任务,如拖带灯表示正在从事拖带作业;

(5)表明船舶的大小,如仅显示一盏桅灯的机动船长度小于 50 m;

(6)号灯与号型不能用来表示船舶的实际航向,但根据船舶显示的航行灯可以大致判断出其航向或航向区间。

二、适用范围

(1)本章各条在各种天气中都应遵守。

(2)有关号灯的各条规定,从日没到日出时都应遵守。在此时间内不应显示别的灯光,但那些不会被误认为本规则条款订明的号灯,或者不会削弱号灯的能见距离或显著特性,或者不会妨碍正规瞭望的灯光除外。

(3)本规则条款所规定的号灯,如已设置,也应在能见度不良的情况下从日出到日没时显示,并可在一切其他认为必要的情况下显示。

(4)有关号型的各条规定,在白天都应遵守。

(5)本规则条款订明的号灯和号型,应符合本规则附录一(略)的规定。

三、号灯与号型的显示时间

(1)号灯的显示时间:

①日没到日出以及能见度不良的白天应显示号灯;

②在其他认为必要的情况下,如能见度不良水域附近或低云层较暗的情况,也可以显示号灯。

(2)号型的显示时间:应在白天显示。

(3)号灯和号型同时显示的时间:

①晨昏蒙影;

②能见度不良的白天;

③有关号灯和号型的规定,在各种天气条件下均应遵守。

(4)不应显示的灯光:

①会被认为是本规则订明的灯光;

②会削弱号灯能见距离或显著特性。

(5)可以显示的灯光:有些大型船舶在主甲板边缘显示照明灯(向下)。

(6)妨碍正规瞭望的灯光,包括:甲板照明灯、舱室照明灯光的外泄、海图室照明灯或过亮仪表指示灯等。

(7)船舶不应显示不符合本船情况的号灯。

第二节　号灯定义

本节概要:本节介绍各种号灯的基本定义以及各种号灯的光弧范围,以及重叠区,对于渔船而言,应当充分理解各种号灯的实际显示情况,这有利于安全驾驶船舶。本节的最后,列出了各种号灯的最小能见距离。

一、规则内容

(1)“桅灯”是指安置在艏艉中心线上方的白灯,在225°的水平弧内显示不间断的灯光,其装置要使灯光从船的正前方到每一舷正横后22.5°内显示。

(2)“舷灯”是指右舷的绿灯和左舷的红灯,各在112.5°的水平弧内显示不间断的灯光,其装置要使灯光从船的正前方到各自一舷的正横后22.5°内分别显示。长度小于20 m的船舶,其舷灯可以合并成一盏,装设于艏艉中心线上。

(3)“艉灯”是指安置在尽可能接近船尾的白灯,在135°的水平弧内显示不间断的灯光,其装置要使灯光从船的正后方到每一舷67.5°内显示。

(4)“拖带灯”是指具有与本条3款所述“艉灯”相同特性的黄灯。需要时,它设置于艉灯的垂直上方。

(5)“环照灯”是指在360°的水平弧内显示不间断灯光的号灯。

(6)“闪光灯”是指每隔一定时间以每分钟 120 次或 120 次以上的频率闪光的号灯。

二、内容剖析

根据规则,长度大于等于 50 m 的机动船的航行灯显示颜色及弧度如图 2-1 所示。

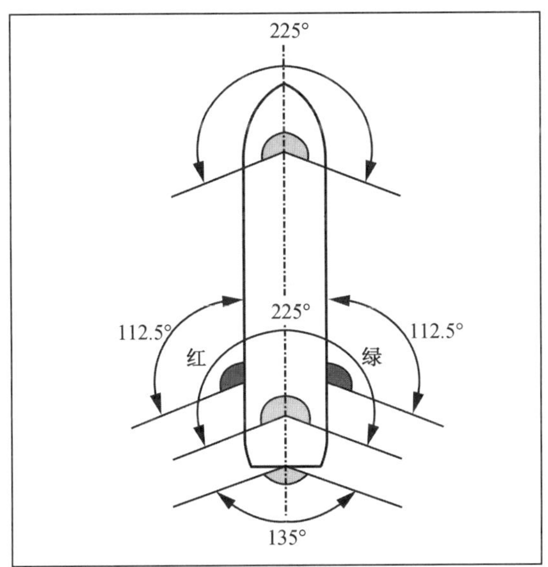

图 2-1　航行灯显示颜色及弧度示意图

1. 桅灯的光弧

桅灯光弧如图 2-2 所示:

(1)界限内 5°,发光强度减弱不超过 50%;

(2)界限外 5°切实断光。

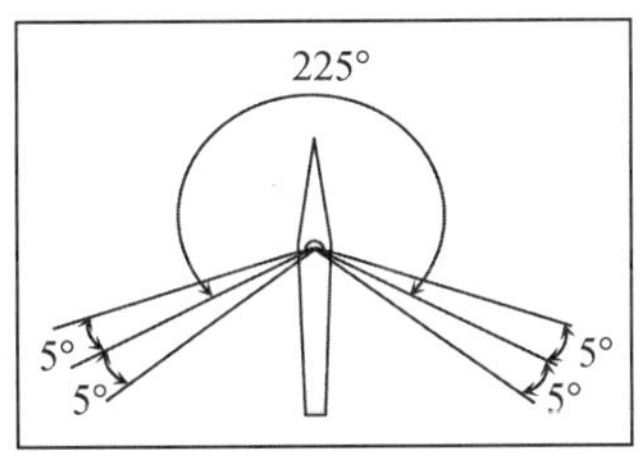

图 2-2　桅灯光弧示意图

2. 舷灯的光弧

舷灯光弧如图 2-3 所示:

(1)界限外 1°~3°切实断光;

(2)正横后 22. 5°;

(3)界限内 5°,发光强度减弱不超过 50%;

(4)界限外 5°切实断光。

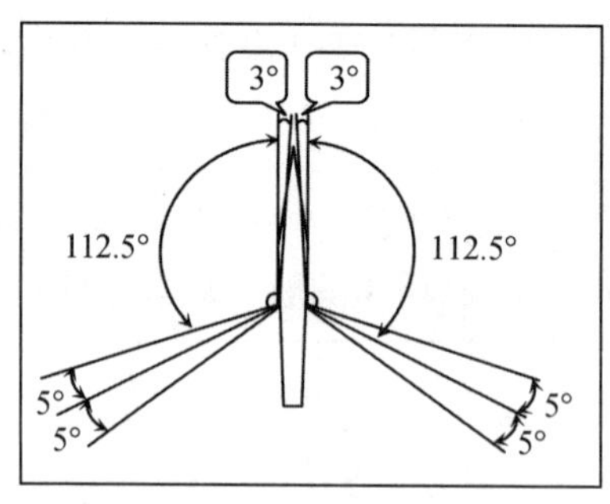

图 2-3　舷灯光弧示意图

3. 艉灯的光弧

艉灯光弧如图 2-4 所示：

(1)界限内 5°，发光强度减弱不超过 50%；

(2)界限外 5°切实断光；

(3)艉灯应尽可能装设在船尾附近(未要求在艏艉中心线)。

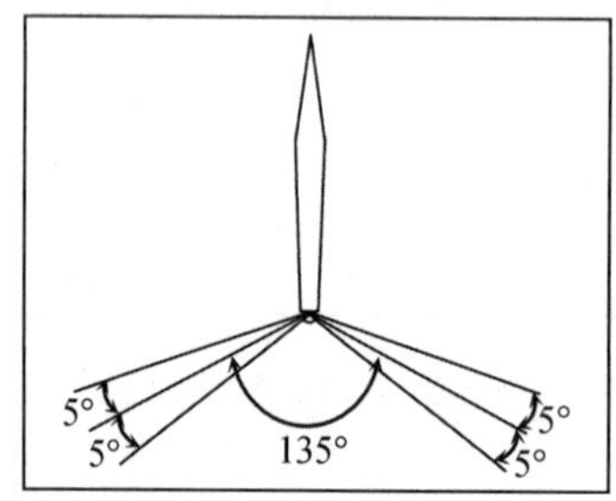

图 2-4　艉灯光弧示意图

4. 号灯的能见距离

号灯的能见距离如表 2-1 所示。

本规则条款规定的号灯，应具有本规则附录一第 8 条(略)订明的发光强度，以便在下列最小距离上能被看到：

表 2-1　号灯能见距离表

号灯类型	颜色	能见距离(n mile)			
		$L \geqslant 50$ m	20 m $\leqslant L < 50$ m	12 m $\leqslant L < 20$ m	$L < 12$ m
桅灯	白	6	5	3	2
舷灯	左红、右绿	3	2	2	1
艉灯	白	3	2	2	2
拖带灯	黄	3	2	2	2
环照灯	红、绿、白、黄	3	2	2	2
操纵号灯	白	5			
闪光灯	黄	未做规定			

第三节　号灯与号型的显示

本节概要：为了表明船舶动态，方便他船识别避让，各类船舶应按规定显示或悬挂相应号灯和号型。本节介绍各类船舶号灯和号型的显示要求，正确显示号灯、号型和正确识别号灯、号型是本节的重点，也是规则所要求的。本节结合规则内容，根据船舶的航行状态详细讲解各种状态情况下的显示要求。

一、在航机动船

1. 在航机动船应显示：

（1）前部一盏桅灯，第二盏桅灯后于并高于前桅灯（如图 2-5 所示），长度小于 50 m 的船舶不要求显示该桅灯，但可以这样做（如图 2-6 所示）；

（2）两盏舷灯；

（3）一盏艉灯。

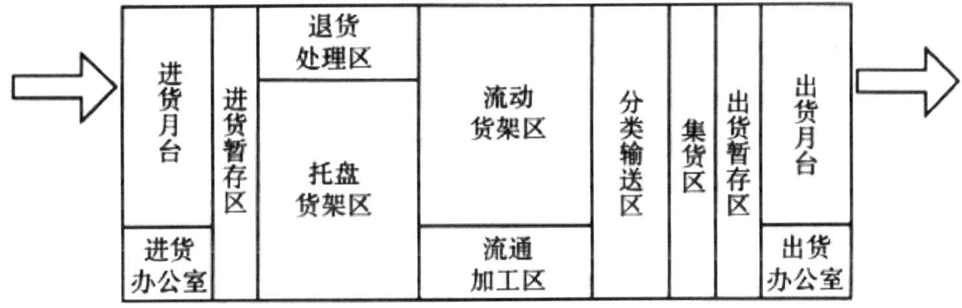

图 2-5　在航机动船 $L \geqslant 50$ m

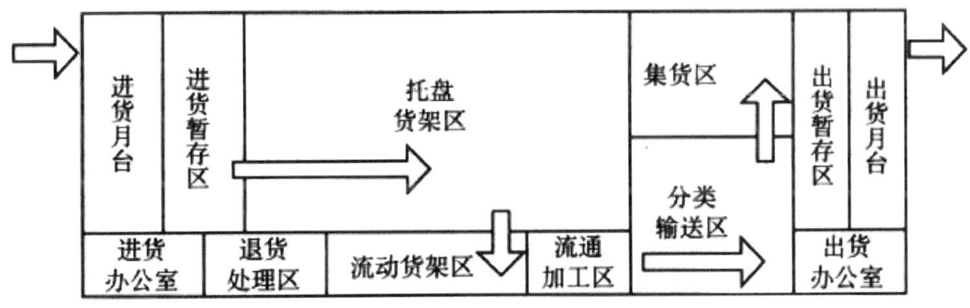

图 2-6　在航机动船 $L<50$ m

2. 气垫船在非排水状态下航行时，除本条 1 款规定的号灯外，还应显示一盏环照黄色闪光灯（如图 2-7 所示）。

3. 除本条第 1 款规定的号灯外，地效船只有在起飞、降落和贴近水面飞行时才应显示高亮度的环照红色闪光灯。

4. (1)长度小于 12 m 的机动船,可以显示一盏环照白灯和舷灯;

(2)长度小于 7 m 且其最高速度不超过 7 kn 的机动船,可以显示一盏环照白灯以代替本条款 1 规定的号灯,如可行也应显示舷灯;

(3)长度小于 12 m 的机动船的桅灯或环照白灯,如果不可能装设在艏艉中心线上,可以离开中心线显示,条件是其舷灯合并成一盏,并应装设在艏艉中心线上,或尽可能地装设在接近该桅灯或环照白灯所在的艏艉线处(如图 2-8 所示)。

图 2-7　气垫船在非排水状态下

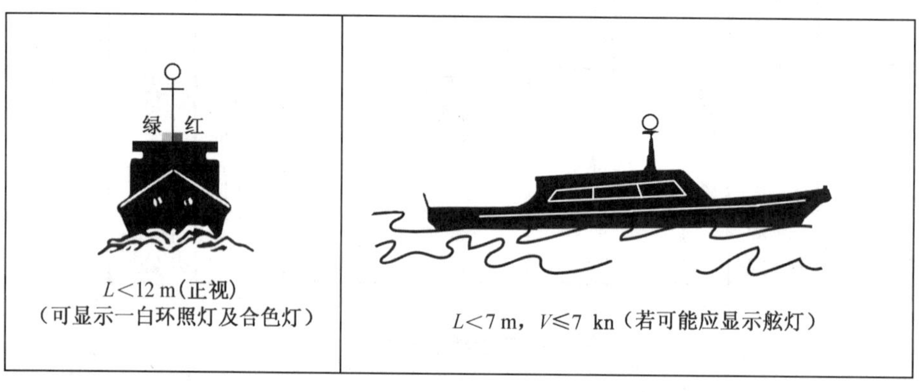

图 2-8　小型机动船

5. 机动船在航包括对水移动和不对水移动状态,均应显示桅灯、舷灯、艉灯。

6. 本条中“机动船”不包括:

(1)从事拖带作业的机动船;

(2)从事引航任务的机动船;

(3)从事捕鱼的船舶;

(4)操纵能力受到限制的船舶;

(5)失去控制的船舶。

7. 在航军舰作为特殊构造或用途的船舶,可以显示政府为其确定的尽可能符合规则要求的号灯。

8. 船长小于 12 m 的在航机动船可用一盏环照白灯代替其桅灯和艉灯,因其桅灯和艉灯能见距离要求相同。

二、拖带或顶推

1. 机动船当拖带时应显示：

(1)垂直两盏桅灯，以取代第二十三条1款(1)项或1款(2)项规定的号灯(如图2-9所示)。当从拖船船尾量到被拖物体后端的拖带长度超过200 m时，垂直显示三盏这样的号灯。

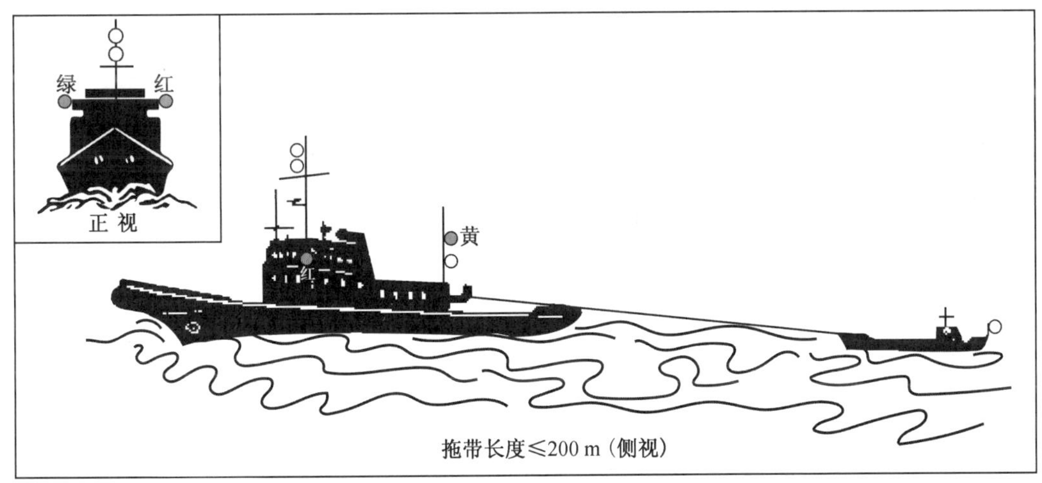

图2-9　拖带长度不超过200 m

(2)两盏舷灯。

(3)一盏艉灯。

(4)一盏拖带灯垂直于艉灯的上方。

(5)当拖带长度(从拖船船尾到被拖船船尾的水平距离)超过200 m时，在最易见处显示一个菱形体号型(如图2-10所示)。

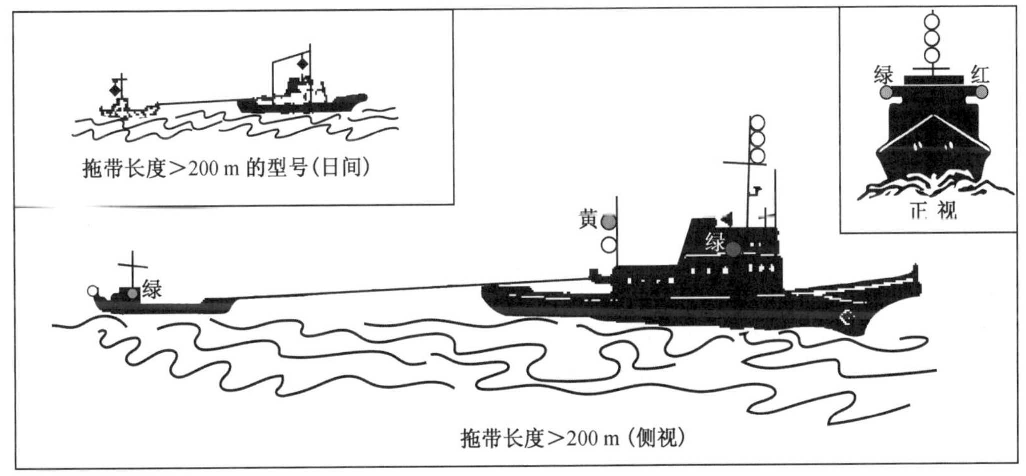

图2-10　拖带长度超过200 m

2. 当一顶推船和一被顶推船牢固地连接成为一组合体时，则应作为一艘机动船，显示第二十三条规定的号灯。

3. 机动船当顶推或傍拖时(如图 2-11 所示),除组合体外,应显示:

(1)垂直两盏桅灯,以取代第二十三条 1 款(1)项或 1 款(2)项规定的号灯;

(2)两盏舷灯;

(3)一盏艉灯。

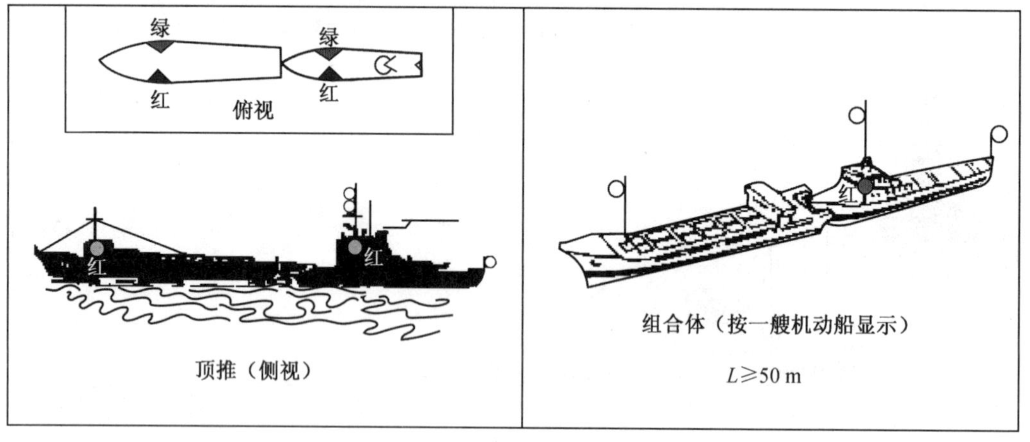

图 2-11　顶推或组合体

4. 适用本条 1 或 3 款的机动船,还应遵守第二十三条 1 款(2)项的规定。

5. 除本条 7 款所述者外,一艘被拖船或被拖物体应显示:

(1)两盏舷灯;

(2)一盏艉灯;

(3)当拖带长度超过 200 m 时,在最易见处显示一个菱形体号型。

6. 任何数目的船舶如作为一组被傍拖或顶推时(如图 2-12 所示),应作为一艘船来显示号灯:

(1)一艘被顶推船,但不是组合体的组成部分,应在前端显示两盏舷灯;

(2)一艘被傍拖的船应显示一盏艉灯,并在前端显示两盏舷灯。

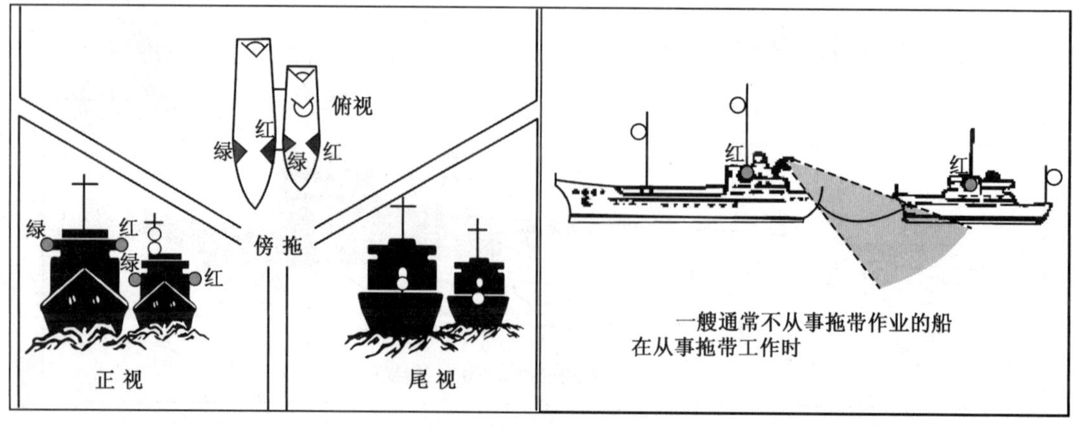

图 2-12　傍拖或顶推

7. 一艘不易觉察的、部分淹没的被拖体应显示(如图 2-13 所示):

(1)除弹性拖曳体不需要在前端或接近前端处显示灯光外,如宽度小于 25 m,在前后两端

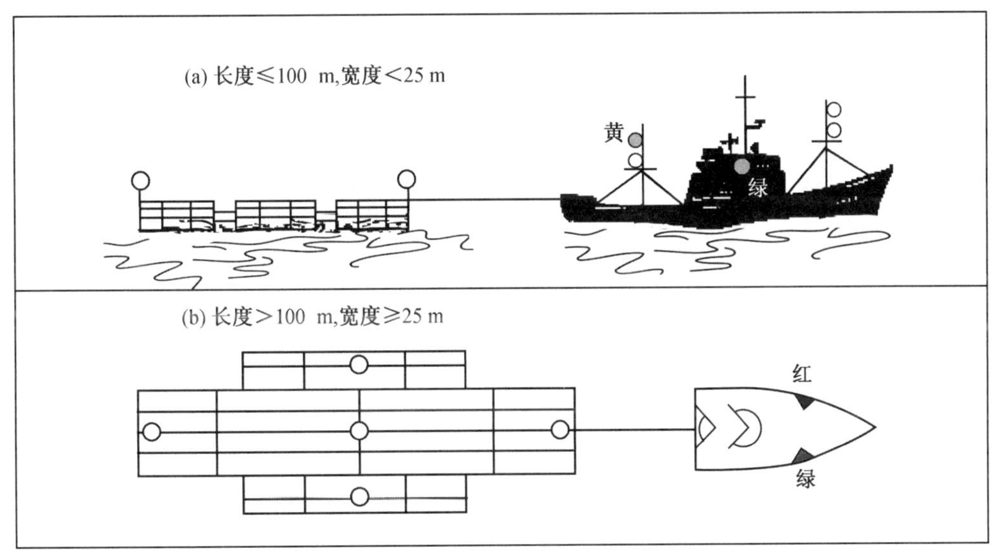

图 2-13　不易觉察的、部分淹没的被拖体

或接近前后两端处各显示一盏环照白灯;

(2)如宽度为 25 m 或 25 m 以上时,在两侧最宽处或接近最宽处,另加两盏环照灯;

(3)如长度超过 100 m,在(1)和(2)项规定的号灯之间,另加若干环照白灯,使得这些灯之间的距离不超过 100 m;

(4)在最后一艘被拖船或物体的末端或接近末端处,显示一个菱形体号型,如果拖带长度超过 200 m 时,在尽可能前部的最易见处另加一个菱形体号型。

8. 凡由于任何充分理由,被拖船舶或物体不可能显示本条 5 或 7 款规定的号灯或号型时,应采取一切可能的措施使被拖船舶或物体上有灯光,或至少能表明这种船舶或物体的存在。

9. 凡由于任何充分理由,使得一艘通常不从事拖带作业的船不可能按本条 1 或 3 款的规定显示号灯,这种船舶在从事拖带另一艘遇险或需要救助的船时,就不要求显示这些号灯。但应采取如第三十六条所准许的一切可能措施来表明拖带船与被拖带船之间关系的性质,尤其应将拖缆照亮。

三、在航帆船和划桨船

1. 在航帆船应显示(如图 2-14 所示):

(1)两盏舷灯;

(2)一盏艉灯。

2. 在长度小于 20 m 的帆船上,本条 1 款规定的号灯可以合并成一盏(三色灯),装设在桅顶或接近桅顶的最易见处。

3. 在航帆船,除本条 1 款规定的号灯外,还可在桅顶或接近桅顶的最易见处,垂直显示两盏环照灯,上红下绿。但这些环照灯不应和本条 2 款所允许的合色灯同时显示。

4. (1)长度小于 7 m 的帆船,如可行,应显示本条 1 或 2 款规定的号灯。但如果不这样做,则应在手边备妥发白光的电筒一个或点着的白灯一盏,及早显示,以防碰撞,如图 2-15(a)所

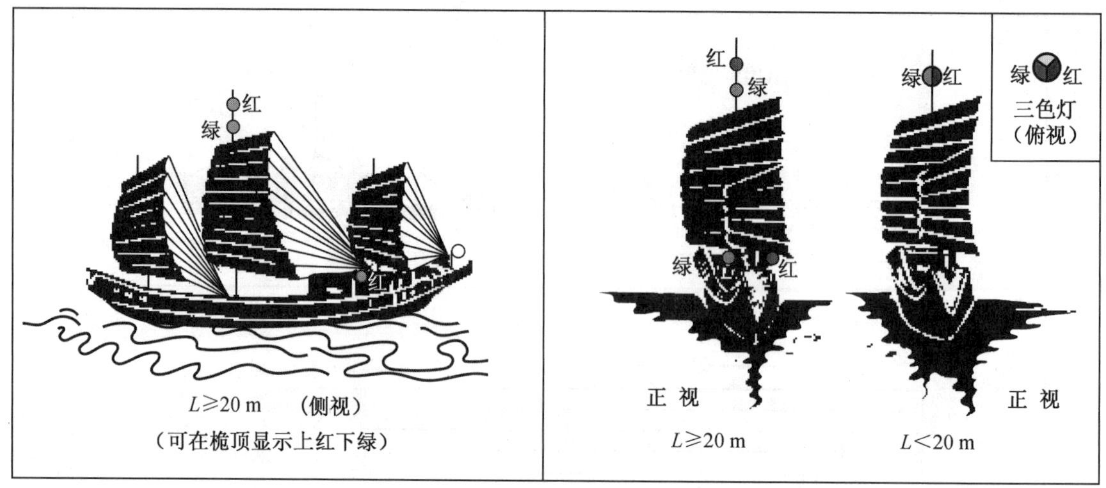

图 2-14　在航帆船

示。

(2)划桨船可以显示本条为帆船规定的号灯,但如不这样做,则应在手边备妥白光的电筒一个或点着的白灯一盏,及早显示,以防碰撞,如图 2-15(b)所示。

图 2-15　在航帆船

5. 用帆行驶同时也用机器推进的船舶,应在前部最易见处显示一个圆锥体号型,尖端向下(如图 2-15 所示)。

(1)长度大于等于 7 m,包括对水移动和不对水移动状态,均应显示舷灯、艉灯,不显示桅灯;

(2)仅看到来船的一盏红灯(或绿灯),则来船可能为在航帆船。

6. 机帆并用的船舶(如图 2-16 所示):

(1)属于机动船;

(2)在白天应在船的前部最易见处悬挂一个悬挂尖端向下的圆锥体;

(3)夜间应显示同尺度机动船的号灯。

图 2-16　机帆并用的船舶

四、渔船

(一)拖网和非拖网信号

1. 从事捕鱼的船舶,不论在航还是锚泊,只应显示本条规定的号灯和号型。

2. 船舶从事拖网作业,即在水中拖曳爬网或其他用作渔具的装置时(如图 2-17 所示),应显示:

(1)垂直两盏环照灯,上绿下白,或一个由上下垂直、尖端对接的两个圆锥体所组成的号型;

(2)一盏桅灯,后于并高于那盏环照绿灯;长度小于 50 m 的船舶,则不要求显示该桅灯,但可以这样做;

(3)当对水移动时,除本款规定的号灯外,还应显示两盏舷灯和一盏艉灯:

①规则对从事拖网作业的捕鱼船($L \geqslant 50$ m)有显示桅灯的规定,不论其是锚泊、在航、是否对水移动。对长度小于 50 m 的从事拖网作业的捕鱼船,则不要求显示该桅灯,但可以这样做。

②在海上,看到他船的号灯为绿、白、白垂直三盏号灯时,他船为在航对水移动的拖网渔船,最下白灯为艉灯,船长无法断定,可能大于等于 50 m(如显示桅灯也无法看到),也可能小于 50 m。

③在海上,看到他船的号灯为白、绿、白垂直三盏号灯和红、绿舷灯时,他船为在航对水移动的拖网渔船,最上白灯为桅灯,船长无法断定,可能大于等于 50 m(应该显示桅灯),也可能小于 50 m(可以显示桅灯)。

3. 从事捕鱼作业的船舶,除拖网作业者外(如图 2-18 所示),应显示:

(1)垂直两盏环照灯,上红下白,或一个由上下垂直、尖端对接的两个圆锥体所组成的号型;

(2)当有外伸渔具,其从船边伸出的水平距离大于 150 m 时,应朝着渔具的方向显示一盏环照灯或一个尖端向上的圆锥体号型;

(3)当对水移动时,除本款规定的号灯外,还应显示两盏舷灯和一盏艉灯。

4. 本规则附录二(略)中规定的额外信号适用于在其他捕鱼船舶邻近从事捕鱼的船舶。

5. 船舶不从事捕鱼时,不应显示本条规定的号灯或号型,而只应显示为其同样长度的船舶所规定的号灯或号型。

图 2-17 拖网渔船

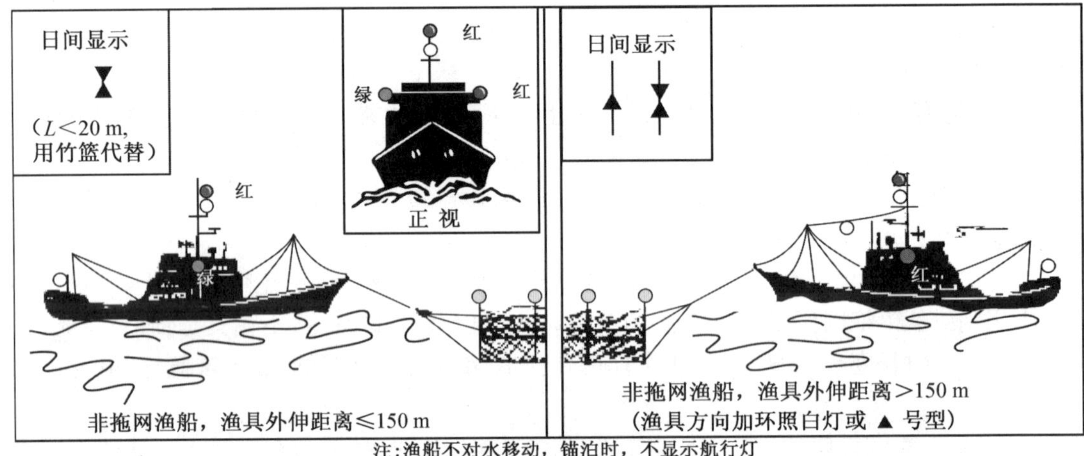

图 2-18 非拖网渔船

(二)额外信号

详细内容见附录二(略)在相互邻近处捕鱼的渔船额外信号。

1. 拖网渔船的信号

(1)长度等于或大于 20 m 的船舶在从事拖网作业时,不论使用海底还是深海渔具,应显示:

①放网时,垂直两盏白灯;

②起网时,垂直两盏灯,上白下红;

③网挂住障碍物时,垂直两盏红灯。

(2)长度等于或大于 20 m、从事对拖网作业的每一船应显示:

①在夜间,朝着前方并向本对拖网中的另一船的方向照射的探照灯;

②当放网或起网或网挂住障碍物时,按本附录第2节(1)规定的号灯。

(3)长度小于20 m、从事拖网作业的船舶,不论使用海底还是深海渔具还是对拖网作业,可视情况显示本节(1)或(2)规定的号灯。

2. 围网船的信号

从事围网捕鱼的船舶,可垂直显示两盏黄色号灯。这些号灯应每秒钟交替闪光一次,而且明暗历时相等。这些号灯仅在船的行动为其渔具所妨碍时才可显示。

五、失去控制的船舶

1. 失去控制的船舶(如图2-19所示)应显示:

(1)在最易见处,垂直两盏环照红灯;

(2)在最易见处,垂直两个球体或类似的号型;

(3)当对水移动时,除本款规定的号灯外,还应显示两盏舷灯和一盏艉灯。

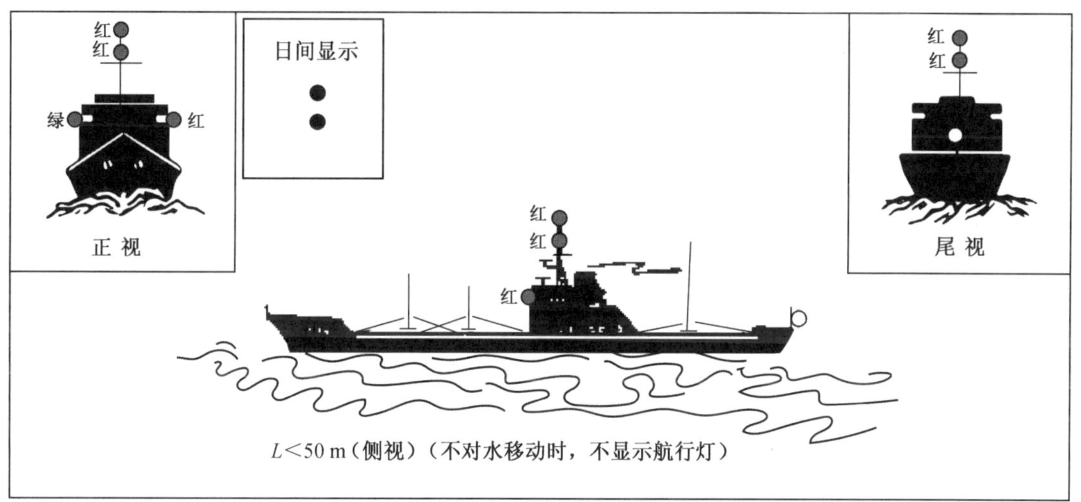

图2-19 失去控制的船舶

2. 失去控制的船舶,夜间在航时除显示两盏垂直环照红灯外,对水移动时,还应显示舷灯和艉灯(不显示桅灯),不对水移动时,关闭舷灯与艉灯。夜间航行时,主机失控,应采取的措施是:立即关闭桅灯,并显示两盏红灯,船舶停止对水移动时,关闭舷灯与艉灯。

3. 失去控制的船舶在白天应悬挂的号型是垂直的两个黑球。

4. 失去控制的船舶只能处于在航状态,不可能处于锚泊、系岸或搁浅状态:

(1)在海上,当看到来船的号灯仅为垂直两盏红灯时,则来船为失去控制的船舶在航不对水移动。如看到来船的号灯垂直两盏红灯以及舷灯或桅灯,则该船为失去控制的船舶在航对水移动。

(2)应注意:如来船的号灯垂直两盏红灯以及一盏白灯,该船也有可能是搁浅船舶。

六、操纵能力受到限制的船舶

1. 操纵能力受到限制的船舶,除从事清除水雷作业的船舶外(如图 2-20 所示),应显示:

(1)在最易见处,垂直三盏环照灯,最上和最下者应是红色,中间一盏应是白色;

(2)在最易见处,垂直三个号型,最上和最下者应是球体,中间一个应是菱形体;

(3)当对水移动时,除本款(1)项规定的号灯外,还应显示桅灯、舷灯和艉灯;不对水移动时,不应显示桅灯、舷灯、艉灯。

(4)当锚泊时,除本款(1)和(2)项规定的号灯或号型外,还应显示第三十条规定的号灯或号型。

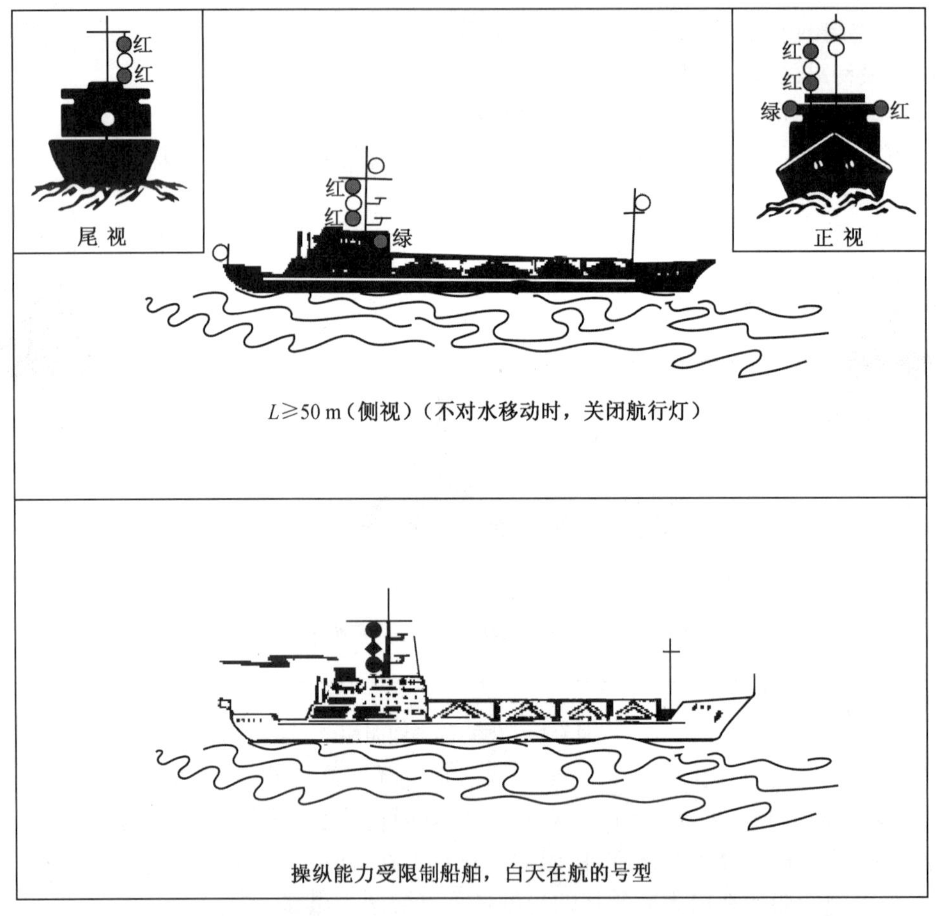

图 2-20 从事敷设、维修、起捞航标、电缆、管道或转运人员、食品等的船舶

2. 从事一项使拖船和被拖物体双方在驶离其航向的能力上受到严重限制的拖带作业的机动船,除显示第二十四条 1 款规定的号灯或号型外,还应显示本条 2 款(1)项和(2)项规定的号灯或号型(如图 2-21 所示)。

3. 从事疏浚或水下作业的船舶,当其操纵能力受到限制时,应显示本条 2 款(1)(2)(3)项规定的号灯和号型。此外,当存在障碍物时,还应显示(如图 2-22 所示):

(1)在障碍物存在的一舷,垂直两盏环照红灯或两个球体;

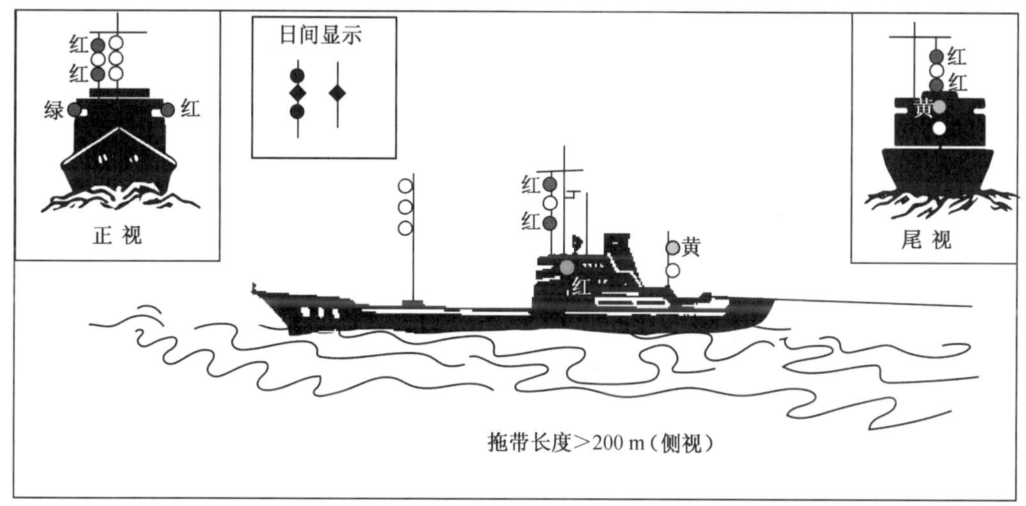

图 2-21　从事困难拖带

(2)在他船可以通过的一舷，垂直两盏环照绿灯或两个菱形体；

(3)当锚泊时，应显示本款规定的号灯或号型以取代第三十条规定的号灯或号型。

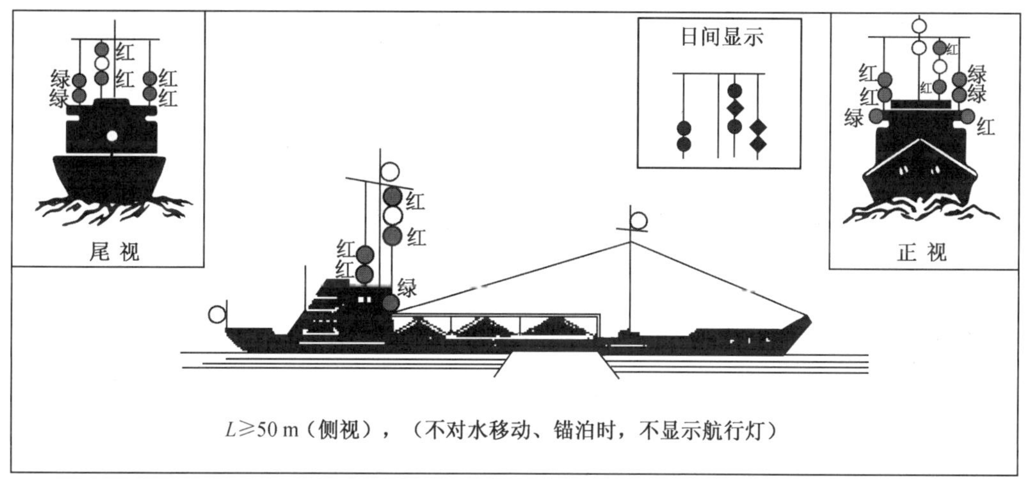

图 2-22　从事疏浚或水下作业的船舶

4. 当从事潜水作业的船舶其尺度使之不可能显示本条 4 款规定的号灯和号型时，则应显示(如图 2-23 所示)：

(1)在最易见处，垂直三盏环照灯。最上和最下者应是红色，中间一盏应是白色；

(2)一个国际信号旗“A”的硬质复制品，其高度不小于 1 m，并应采取措施以保证周围都能见到。

5. 从事清除水雷作业的船舶，除第二十三条为机动船规定的号灯或第三十条为锚泊船规定的号灯或号型外，还应显示三盏环照绿灯或三个球体。这些号灯或号型之一应在接近前桅桅顶处显示，其余应在前桅两端各显示一个。这些号灯或号型表示他船驶近至清除水雷船 1 000 m 以内是危险的(如图 2-24 所示)。

图 2-23　当从事潜水作业的船舶

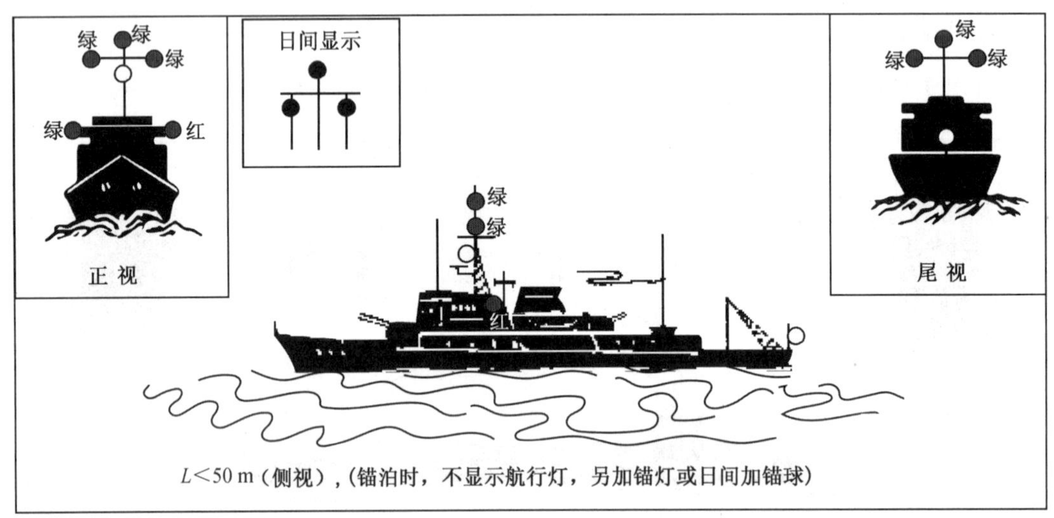

图 2-24　从事清除水雷作业的船舶

6. 除从事潜水作业的船舶外，长度小于 12 m 的船舶，不要求显示本条规定的号灯和号型。

7. 本条规定的信号不是船舶遇险求救的信号。船舶遇险求救的信号载于本规则附录四（略）内。

8. 除从事清除水雷作业的船舶以外，其他种类“操纵能力受到限制的船舶”应显示：

（1）号灯：“红、白、红”垂直三盏环照灯。

（2）号型：白天为“球、菱（菱形体）、球”垂直三个号型。

（3）锚泊时应显示锚灯和（或）锚球，但从事疏浚或水下作业的船舶除外。

9. 夜间判断：

（1）看到来船的号灯仅为红、白、红、白垂直四盏灯，来船为：除清除水雷作业和拖带以外的操纵能力受到限制的船舶在航对水移动。

（2）看到来船的号灯仅为红、白、红垂直三盏灯，则来船可能为：从事潜水作业的操纵能力受到限制的小船在锚泊中作业；除清除水雷作业和拖带作业的操纵能力受到限制的船舶在航不对水移动。

七、限于吃水的船舶

1. 限于吃水的船舶,除第二十三条为机动船规定的号灯外,还可在最易见处垂直显示三盏环照红灯,或者一个圆柱体。

2. 限于吃水的船舶夜间在航(无论是否对水移动),同机动船,应显示桅灯、舷灯与艉灯。

3. 限于吃水只能存在于在航状态,锚泊时按规定(三十条)显示锚灯、锚球(如图 2-25 所示)。

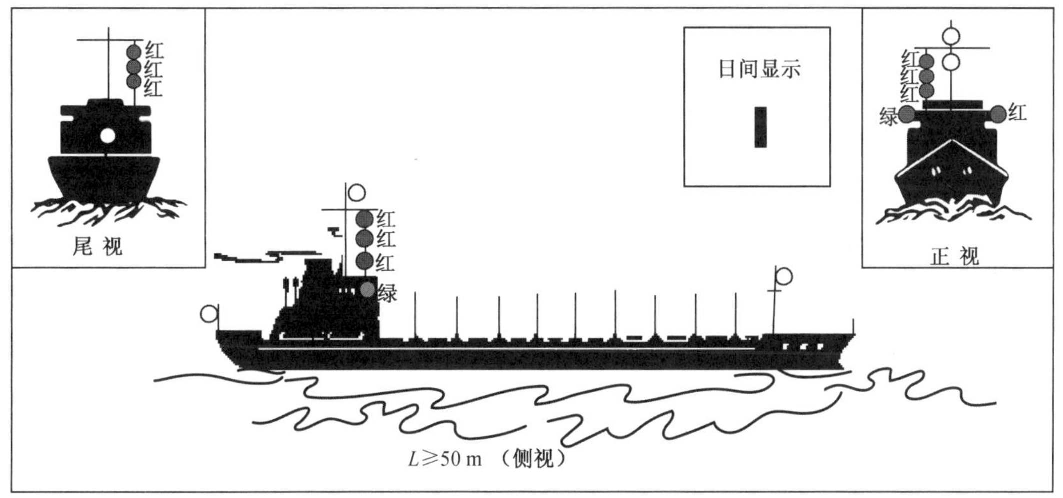

图 2-25　限于吃水的船舶

八、引航船舶

1. 执行引航任务的船舶应显示:

(1)在桅顶或接近桅顶处,垂直两盏环照灯,上白下红;

(2)当在航时,外加舷灯和艉灯;

(3)当锚泊时,除本款(1)项规定的号灯外,还应显示第三十条对锚泊船规定的号灯或号型。

2. 引航船当不执行引航任务时,应显示为其同样长度的同类船舶规定的号灯或号型。

(1)在航中执行引航任务的船舶,无论是否对水移动,均应显示垂直环照上红下白灯,舷灯、艉灯;

(2)执行引航任务的船舶在航时不显示桅灯;

(3)锚泊中执行引航任务的船舶,应显示垂直环照上红下白灯,锚灯;

(4)夜间在海上看到接近垂直的白、红、白三盏号灯,他船为在航或在锚泊中执行引航任务的船;

(5)规则未对执行引航任务的船舶规定特殊的号型(如图 2-26 所示)。

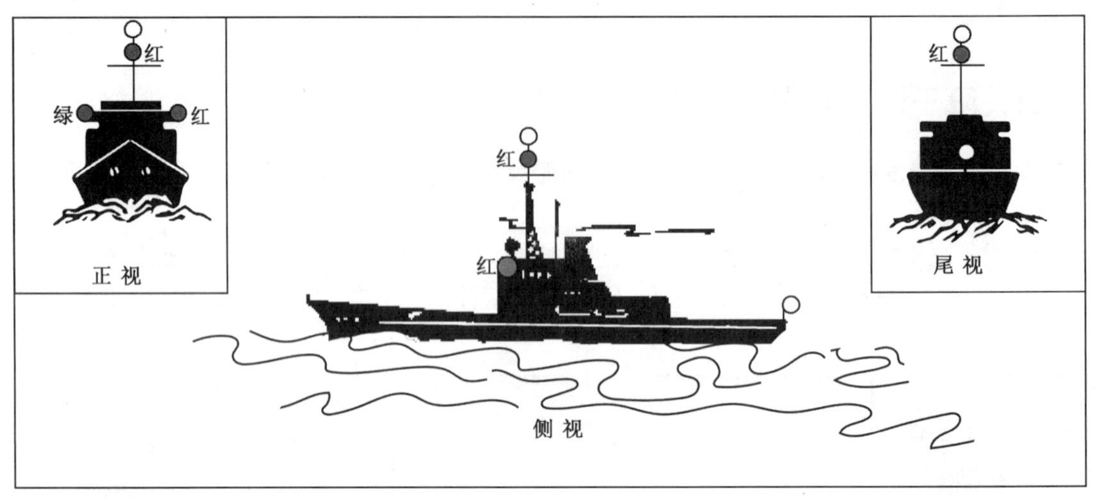

图 2-26　引航船舶

九、锚泊船舶和搁浅船舶

1. 锚泊中的船舶应在最易见处显示：

(1) 在船的前部，一盏环照白灯或一个球体。

(2) 在船尾或接近船尾并低于本款(1)项规定的号灯处，一盏环照白灯(如图 2-27 和图 2-28 所示)。

图 2-27　机动船锚泊

2. 长度小于 50 m 的船舶，可以在最易见处显示一盏环照白灯，以取代本条 1 款规定的号灯。

3. 锚泊中的船舶，还可以使用现有的工作灯或同等的灯照明甲板，而长度为 100 m 及 100 m 以上的船舶应当使用这类灯。

4. 长度小于 7 m 的船舶，不是在狭水道、航道、锚地或其他船舶通常航行的水域中或其附近锚泊时，不要求显示本条 1 和 2 款规定的号灯或号型。

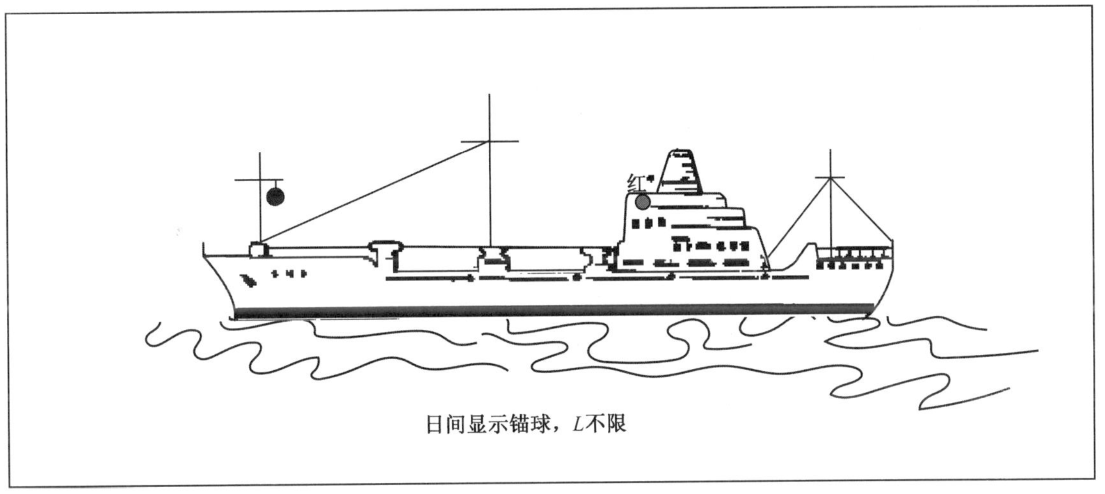

图 2-28　长度小于 50 m 的船舶(白天)

应注意的是,船舶因主机故障进行锚泊修理,拖带船舶处于锚泊时,应按有关锚泊船的规定,显示号灯、号型;在锚泊中不显示锚灯或锚球的船舶:从事捕鱼的船舶、从事疏浚或水下作业的船舶(其他操纵能力受到限制的船舶显示)。

5. 搁浅的船舶(如图 2-29 所示)应显示本条 1 或 2 款规定的号灯,并在最易见处外加:

(1)垂直两盏环照红灯;

(2)垂直三个球体。

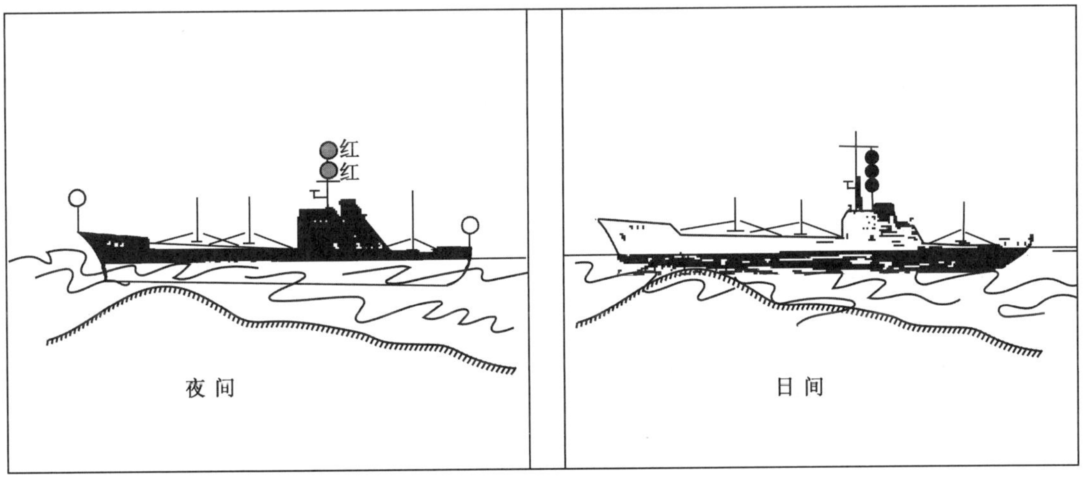

图 2-29　搁浅的船舶

6. 长度小于 12 m 的船舶搁浅时,不要求显示本条 4 款(1)和(2)项规定的号灯或号型。

(1)搁浅船(L>12 m)号灯:锚灯、两盏垂直环照红灯;不显示甲板灯。

(2)搁浅船(L>12 m)号型:最易见处垂直三个黑球;不显示锚球。

(3)12 m>L≥7 m 的搁浅船:可不显示两盏垂直环照红灯,但应显示锚灯。

(4)L<12 m 的船舶搁浅,可不显示任何号型。

十、水上飞机

当水上飞机或地效船不可能显示按本章各条规定的各种特性或位置的号灯和号型时,则应显示尽可能近似于这种特性和位置的号灯和号型。

十一、号灯和号型正确显示

每一船舶应遵守规则的规定,正确显示号灯和号型,使他船了解本船的种类、大小、动态和工作性质等,以便及时和正确地判断会遇形势、碰撞危险和避让关系,采取避让行动以避免碰撞。

在显示号灯和号型时应注意以下各点:

(1)号灯、号型显示和识别;

(2)开航前应测试和检查号灯是否正常,并备妥号型;

(3)在交接班时应检查号灯是否工作正常;

(4)注意检查本船有无其他会被误认为或干扰号灯特性的灯光;

(5)不得显示不符合本船情况的号灯和号型;

(6)严格执行号灯和号型的显示要求,不应借口附近没有船或他船可能看不到本船的号灯和号型而不予显示。

十二、号灯和号型正确识别

识别号灯和号型是互见中本船了解来船种类、大小、动态、工作性质等信息的重要手段。要正确、充分利用这一手段,需要注意以下各点:

1. 保持正规的瞭望,及早发现。

2. 特别注意如仅看到一盏白灯就有多种可能性:

(1)机动船的桅灯;

(2)艉灯;

(3)小型船舶的锚灯;

(4)小型帆船或划桨船显示的号灯;

(5)我国非机动船航行或锚泊时的号灯等。

3. 注意各种号灯的法定能见距离大小不一。

4. 实际发现号灯时的距离和号灯的法定能见距离也不完全相同。

5. 考虑到本船处于不利的或危险的情况而加以戒备。

第四节　声响和灯光信号

本节概要:船舶声响和灯光信号可以表示船舶存在、动向、怀疑或警告等信息,在互见中或能见度不良情况下均广泛应用。本节主要介绍声号和灯光信号的相关知识，包括声号及使用灯光信号的目的，“短声”和“长声”的定义，声号设备配备要求，操纵和警告信号使用要求，招引注意信号和遇险信号的种类。

一、鸣放笛号及使用灯号的目的

1. 互见中：

(1) 表明本船的动向或企图采取的行动；

(2) 引起他船注意，确保避让行动的协调；

(3) 表示怀疑来船的意图或行动；

(4) 对他船发出警告。

2. 能见度不良时：

(1) 表明船舶的存在；

(2) 表明船舶的动态。

二、定义

(1)“号笛”一词，指能够发出规定笛声并符合本规则附录三（略）所载规格的任何声响信号器具。

(2)“短声”一词，指历时约 1 s 的笛声。

(3)“长声”一词，指历时 4~6 s 的笛声。

三、声号设备

(1) 长度为 12 m 或 12 m 以上的船舶，应配备一个号笛，长度为 20 m 或 20 m 以上的船舶，应配备一个号笛另加一个号钟，长度为 100 m 或 100 m 以上的船舶，另应配有一面号锣。号锣的音调和声音不可与号钟相混淆。号笛、号钟和号锣应符合本规则附录三（略）所载规格。号钟、号锣或两者可用与其各自声音特性相同的其他设备代替，只要这些设备随时能以手动鸣放规定的声号。

(2) 长度小于 12 m 的船舶，不要求备有本条 1 款规定的声响信号器具。如不备有，则应配置能够鸣放有效声号的他种设备。

(3) 根据规则 2001 年修正案的规定，船舶应配备的声响器具为：

①20 m>L≥12 m：一个号笛；

②100 m>L≥20 m：一个号笛和一个号钟；

③L≥100 m：一面号锣，一个号钟，以及至少一个号笛；

④L<12 m：如不配备有号笛和号钟，可配置其他有效的声号设备。

应注意，“L≥12 m 的船舶”包括“100 m>L≥20 m 的船舶”及“L≥100 m 的船舶”。

四、操纵和警告信号

（一）当船舶在互见中，在航机动船按本规则条款准许或要求进行操纵时，应用号笛发出下列声号表明之：

1. 一短声表示“我船正在向右转向”；

2. 二短声表示“我船正在向左转向”；

3. 三短声表示“我船正在向后推进”；

4. 本条 1 款规定适用于互见中；

5. 机动船是指任何用机器推进的船舶，包括操纵能力受到限制的船舶、用机器推进的从事捕鱼的船舶、用机器推进的失去控制的船舶、限于吃水的船舶和用机器推进的从事拖带作业的船舶以及其他使用机器推进的船舶；

6. 操纵声号表示正在进行的操纵；

7. 互见中，在航机动船按规则准许或要求进行操纵时，应该鸣放操纵声号；

8. 操纵声号不应重复鸣放。

（二）在操作过程中，任何船舶均可用灯号补充本条 1 款规定的笛号，这种灯号可根据情况予以重复：

1. 这些灯号应具有下列意义：

（1）一闪表示“我船正在向右转向”；

（2）二闪表示“我船正在向左转向”；

（3）三闪表示“我船正在向后推进”。

2. 每闪历时应约 1 s，各闪间隔应约 1 s，前后信号的间隔应不少于 10 s。

3. 如设有用作本信号的号灯，则应是一盏环照白灯，其能见距离至少为 5 n mile，并应符合本规则附录一（略）所载规定。

（1）任何船（包括非机动船）在互见中按规则准许或要求进行操纵时，均可用闪光来补充操纵声号。

（2）操纵灯光信号可重复，每组间隔不少于 10 s。

（3）非机动船不必鸣放操纵声号。

（4）操纵号灯为环照白灯，能见距离至少为 5 n mile。

（三）在狭水道或航道内互见时：

1. 一艘企图追越他船的船，应遵照第九条 5 款（1）项的规定，以号笛发出下列声号表示其意图：

（1）二长声继以一短声，表示“我船企图从你船的右舷追越”；

（2）二长声继以二短声，表示“我船企图从你船的左舷追越”。

2. 将要被追越的船，当按照第九条 5 款（1）项行动时，应以号笛依次发出下列声号表示同意：一长、一短、一长、一短声。

3. 追越声号的适用范围：

（1）在狭水道或航道内。

（2）互见中。

（3）只有在前船必须采取行动才能安全通过时。

（4）任何船舶。

（5）追越声号表示追越的企图，应在追越前鸣放。

（6）如不需要被追越船采取行动就能安全追越，则追越船可以直接追越。

(7)存在这样的说法:互见时,在狭水道或航道内,不管当时情况如何,企图追越前船的船舶,鸣放相应的追越声号,是一种优良船艺的表现。

(8)将要被追越的船如同意,则应鸣放声号,并采取相应行动,如不同意,可不鸣放声号,也可鸣放警告声号(因为追越声号表示的是追越企图,即追越尚未开始,如果追越船强行追越,被追越船则应根据警告声号鸣放的要求来确定是否必须鸣放)。

(四)当互见中的船舶正在互相驶近,并且不论由于任何原因,任何一船无法了解他船的意图或行动,或者怀疑他船是否正在采取足够的行动以避免碰撞时,存在怀疑的船应立即用号笛鸣放至少五声短而急的声号以表示这种怀疑。该声号可以用至少 5 次短而急的闪光来补充。

1. 警告声号的适用范围:互见中,任何船。

2. 使用时机:相互驶近,无法了解对方的意图或怀疑他船是否正在采取足够的行动以避免碰撞。

3. 警告声号在适用的时机,应该鸣放。

4. 警告声号可用灯光信号补充。

5. 警告声号为至少五声短而急的声号,可以超过但不应少于 5 次。

(五)一长声弯道信号适用于:

1. 能见度良好情况下,但不在互见中;

2. 船舶在驶近可能有其他船舶被居间障碍物遮蔽的水道或航道的弯头或地段时,应鸣放一长声来警告他船。该声号应由弯头另一面或居间障碍物后方可能听到它的任何来船回答一长声。

(六)如船上所装几个号笛,其间距大于 100 m,则只应使用一个号笛鸣放操纵和警告声号。

五、能见度不良时的行动声号

(一)在能见度不良的水域中或其附近时,不论白天还是夜间,本条规定的声号适用范围如下:

1.“雾号”适用水域:

(1)能见度不良的水域中或其附近;

(2)无论是否“互见”,即看见他船或发现他船;

(3)两船在能见度不良的水域中相互看见时,应继续鸣放“雾号”,并根据情况正确地鸣放“操纵”或“警告声号”。

2.“雾号”适用船舶:任何船舶,但长度小于 12 m 的船舶可以用他种有效声号替代,该声号应以每次不超过 2 min 间隔鸣放。

3.“雾号”的适用时机:在航、锚泊、搁浅。

4.“雾号”鸣放时的能见距离:规则未做定量规定,但实际中通常认为在能见距离小于 2 n mile 时开始鸣放“雾号”,依据是规则附录三(略)对声号设备的最小可听距离的要求为 2 n mile(最大的船舶)。

（二）在航机动船

1. 机动船对水移动时，应以每次不超过 2 min 的间隔鸣放一长声。

2. 机动船在航但已停车，并且不对水移动时，应以每次不超过 2 min 的间隔连续鸣放二长声，二长声间的间隔约 2 s。

3. 本条所指的“机动船”不包括（用机器推进的以下船舶）：限于吃水的船舶；从事拖带或顶推作业的船舶（组合体除外）；操纵能力受到限制的船舶；从事捕鱼的船舶；失去控制的船舶；被拖带或顶推的船舶（组合体除外）。

（三）失去控制的船舶、操纵能力受到限制的船舶、限于吃水的船舶、帆船、从事捕鱼的船舶，以及从事拖带或顶推他船的船舶：应以每次不超过 2 min 的间隔连续鸣放三声，即一长声继以二短声，以取代本条 1 或 2 款规定的声号。

1. 鸣放“一长两短”的船舶包括：失去控制的船舶、操纵能力受到限制的船舶（包括锚泊状态）、限于吃水的船舶、帆船、从事捕鱼的船舶（包括锚泊状态），以及从事拖带或顶推他船的船舶（组合体除外）；

2. 不包括：我国非机动船，被拖船。我国非机动船：每隔约 1 min 连续发放响声约 5 s。

3. 鸣放“一长两短”的船舶的状态：

（1）在航对水移动与不对水移动相同；

（2）操纵能力受到限制的船舶及从事捕鱼的船舶在锚泊中与在航鸣放相同的声号（号灯、号型同在航不对水移动相同）；

（3）雾航中，听到一长两短声号，该船可能是处于锚泊中。

（四）从事捕鱼的船舶锚泊时，以及操纵能力受到限制的船舶在锚泊中执行任务时，应当鸣放本条 3 款规定的声号以取代本条 7 款规定的声号。

（五）一艘被拖船或者多艘被拖船的最后一艘，如配有船员，应以每次不超过 2 min 的间隔连续鸣放四声，即一长声继以三短声。当可行时，这种声号应在拖船鸣放声号之后立即鸣放。

（六）当一顶推船和一被顶推船牢固地连接成为一个组合体时，应作为一艘机动船，鸣放本条 1 或 2 款规定的声号。

（七）锚泊中的船舶，应以每次不超过 1 min 的间隔急敲号钟约 5 s。长度为 100 m 或 100 m 以上的船舶，应在船的前部敲打号钟，并应在紧接钟声之后，在船的后部急敲号锣约 5 s。此外，锚泊中的船舶，还可以连续鸣放三声，即一短、一长和一短声，以警告驶近的船舶注意本船位置和碰撞的可能性。

（八）搁浅的船舶应敲打本条 7 款规定的钟号，如有要求，应加发该款规定的锣号。此外，还应在紧接急敲号钟之前和之后，各分隔而清楚地敲打号钟三下。搁浅的船舶还可以鸣放合适的笛号。

（九）长度为 12 m 或 12 m 以上但小于 20 m 的船舶，不要求鸣放“钟号”“锣号”。但如不鸣放上述声号，则应鸣放他种有效的声号，每次间隔不超过 2 min。

（十）长度小于 12 m 的船舶，不要求鸣放上述声号，但如不鸣放上述声号，则应以每次不超过 2 min 的间隔鸣放他种有效的声号。

（十一）引航船当执行引航任务时，除本条 1、2 或 7 款规定的声号外，还可以鸣放由四短声组成的识别声号。

六、招引注意的信号

1. 招引注意的信号

如需招引他船注意,任何船舶可以发出灯光或声响信号,但这种信号应不致被误认为本规则其他条款所准许的任何信号,或者可用不致妨碍任何船舶的方式把探照灯的光束朝着危险的方向。任何招引他船注意的灯光,应不致被误认为是任何助航标志的灯光。为此目的,应避免使用诸如频闪灯这样高亮度的间歇灯或旋转灯。

2. 使用时机

本船走锚、本船有人落水、本船发现不明漂浮物、本船发现他船走锚、本船发现落水者、本船正在进行舷外作业、本船发现他船航行灯熄灭、本船正在寻找落水者、本船发现他船驶近危险物等。

3. 使用要求

(1)不致被误认为本规则其他条款所准许的任何信号;

(2)不致被误认为是任何助航标志的灯光;

(3)避免使用:频闪灯,高亮度的间歇灯、旋转灯;

(4)如使用探照灯,应不致妨碍任何船舶。

七、遇险信号

1. 下列信号,不论是一起或分别使用或显示,均表示遇险需要救助:

(1)每隔 1 min 鸣炮或燃放其他爆炸信号一次;

(2)以任何雾号器具连续发声;

(3)以短的间隔,每次鸣放一个抛射红星的火箭或信号弹;

(4)无线电报或任何其他通信方法发出莫尔斯码・・・—・・・(sos)的信号;

(5)无线电话发出"MAYDAY"语言的信号;

(6)《国际简语信号规则》中表示遇险的信号 N. C. ;

(7)由一面方旗放在一个环体或任何类似球形的上方或下方所组成的信号;

(8)船上的火焰(如从燃着的柏油桶、油桶等发出的火焰);

(9)火箭降落伞或手持式的红色突耀火光;

(10)放出橙色烟雾的烟雾信号;

(11)两臂侧伸,缓慢而重复地上下摆动;

(12)无线电报报警信号;

(13)无线电话报警信号;

(14)由电紧急无线电示位标发出的信号;

(15)无线电通信系统发出的经认可的信号,包括救生艇筏雷达应答器。

2. 除为表示遇险需要救助外,禁止使用或显示上述任何信号以及可能与上述任何信号相混淆的其他信号。

3. 应注意《国际信号规则》的有关部分,《商船搜寻和救助手册》以及下述的信号:

（1）一张橙色帆布上带有一个黑色正方形和圆圈或者其他合适的符号（供空中识别）；

（2）海水染色标志。

4. 使用方法：

（1）可分别或一起使用；

（2）遇险信号不论是一起或分别使用或显示，均表示遇险需要救助；

（3）除为表示遇险需要救助，禁止使用或显示遇险信号，及可能与遇险信号相混淆的其他信号。

本章思考题

1. 渔船为什么要显示号灯、号型？

2. 简述号灯、号型适用的范围？

3. 在航中，哪些船舶可以不显示桅灯？哪些船舶不对水移动要关闭舷灯、艉灯？

4. 一艘海上从事捕鱼的渔船看到另外一艘靠近船舶且只看到一盏白灯，应如何处理？

5. 渔船应如何配备声号？什么时候使用？

第三章　任何能见度行动规则

本章概要：船舶在任何能见度情况下的行动条款包括：第五条“瞭望”、第六条“安全航速”、第七条“碰撞危险”、第八条“避免碰撞的行动”、第九条“狭水道”、第十条“分道通航制”，其中第五、六、七三条讲的是各种戒备，第八条讲的是行动原则，第九、十条讲的是特殊水域的航行规则。

第一节　瞭望

本节概要：本节从规则内容出发，介绍瞭望的含义、瞭望的目的、瞭望的重要性以及瞭望的适用范围，瞭望人员应具备素质，不同瞭望职责的人员应当保持何种戒备。本节着重介绍瞭望的手段及如何保持正规瞭望。

一、规则内容

每一船舶应在任何时候用视觉、听觉以及适合当时环境和情况的一切有效手段保持正规的瞭望，以便对局面和碰撞危险做出充分的估计。

二、内容剖析

（一）瞭望的含义

瞭望：对船舶所处水域的一切情况进行连续观察，并对所发生的一切情况做出充分的估计与分析。某种意义上讲，分析与判断比观察还重要。

“瞭望”过失主要表现在：

（1）未发现来船；

（2）发现来船太晚，来不及进行判断；

（3）发现了来船，但未进行连续观察；

（4）对局面估计不足等。

(二)瞭望的目的

1. 对当时的局面做出充分的估计

当时的局面,除了船舶所处的环境、情况、本船的条件限制等外,还包括:

(1)对当时水域环境的估计;

(2)对当时能见度的估计;

(3)对当时船舶通航密度的估计;

(4)对本船操纵性能的估计等。

2. 对当时的碰撞危险做出充分的估计

碰撞危险指潜在碰撞可能及一切不安全因素,具体包括:

(1)根据号灯、号型判断来船的大小、种类及动态,并保证本船的号灯、号型显示正确;

(2)守听 VHF 收集来自他船和 VTS 机构的信息;

(3)来船方位,距离的变化等。

(三)瞭望的重要性

(1)瞭望是确保海上安全航行的首要因素。

(2)瞭望是决定安全航速,判断避碰危险,采取避碰行动的前提。

(3)"规则"把瞭望条款置于"驾驶和航行规则"的首要位置,显见其重要性。

(4)从以往的碰撞事故统计结果来看,无人瞭望或未能保持正规瞭望是导致碰撞事故的重要原因或主要原因。

(5)从以往的碰撞事故法院判例来看,绝大部分当事船舶几乎都被法官指责为犯有不同程度的瞭望过失。

(四)瞭望的适用范围

(1)适用船舶:任何船舶。

(2)在航或锚泊、搁浅。

(3)大船或小船。

(4)任何种类。

(5)一般来说,瞭望条款不适用于系岸的船舶,但 STCW 公约对系岸船舶的值班制度提出了具体规定和要求。

(五)瞭望人员

瞭望人员指专门负责或承担对船舶周围的情况进行全面观察的航海人员。

在瞭望人员的指派上应注意下列问题:

(1)舵工在操舵时不应视为瞭望人员,但小船除外;

(2)值班驾驶员一般不应视为唯一瞭望人员,但满足下列四个条件时可为唯一的瞭望人员:

①白天;

②对当时的局面已做出充分估计,确信已不存在碰撞危险和航行危险;

③已对当时的能见度、通航密度、水域等情况予以充分考虑;

④需要协助时,协助人员应能立即召回驾驶台。

(3)瞭望人员应具备的素质:

①身体素质:主要是视觉和听觉。

②业务素质:一定的航海知识。

③瞭望人员应由合格的、称职的航海人员来担任。

④瞭望人员的数量应足够。

(六)瞭望的位置

通常情况下,除天气条件不允许外,瞭望的位置(不包括值班驾驶员)一般应设在船舶的前部,如艏部甲板。这样做的优点是:

(1)瞭望人员的精力集中,不受驾驶台人员谈话的影响;

(2)雾中航行时,其能比驾驶台人员更早、更有效地听到来自前方他船的雾号;

(3)狭水道航行时,其能比驾驶台人员更早、更有效地观察到船首附近的小船;

(4)如天气条件不允许,瞭望的位置至少应设在驾驶台两侧的分罗经甲板上。

(七)瞭望的手段

(1)视觉:最基本的也是最重要的手段,其优点是简易、直观、迅速、准确。

(2)听觉:一种最基本的瞭望手段,但其应用范围要小,在浓雾中,其优越性可能高于视觉瞭望。

(3)适合当时环境和情况的一切有效手段,通常指雷达、望远镜、VHF 等手段。

(八)正规瞭望

(1)正规瞭望配备足够的、称职的瞭望人员;

(2)瞭望时,要尽职尽责;

(3)指定能获得最佳瞭望效果的瞭望位置;

(4)适合当时环境和情况的一切有效手段;

(5)保持连续的、不间断的观察;

(6)正确处理定位与瞭望的关系;

(7)正确使用雷达。

第二节　安全航速

本节概要:本节从规则内容出发,介绍安全航速的含义及安全航速适用范围,着重介绍决定安全航速应考虑的因素、驾驶员在何时应当调整航速,以保证此时的航速为安全航速、地方限速和安全航速之间的取舍要点。

一、规则内容

每一船舶在任何时候应用安全航速行驶,以便能采取适当而有效的避碰行动,并能在适合当时环境和情况的距离以内把船停住。

在决定安全航速时,考虑的因素中应包括下列各点:

(1)对所有船舶:

①能见度情况;

②通航密度,包括渔船或者任何其他船舶的密集程度;

③船舶的操纵性能,特别是在当时情况下的冲程和旋回性能;

④夜间出现的背景亮光,诸如来自岸上的灯光或本船灯光的反向散射;

⑤风、浪和流的状况以及靠近航海危险物的情况;

⑥吃水与可用水深的关系。

(2)对备有可使用的雷达的船舶,还须考虑:

①雷达设备的特性、效率和局限性;

②所选用的雷达距离标尺带来的任何限制;

③海况、天气和其他干扰源对雷达探测的影响;

④在适当距离内,雷达对小船、浮冰和其他漂浮物有探测不到的可能性;

⑤雷达探测到的船舶数目、位置和动态;

⑥当用雷达测定附近船舶或其他物体的距离时,可能对能见度做出的更确切的估计。

二、内容剖析

1. 安全航速的含义

(1)没有准确数值定义;

(2)根据规则,安全航速的含义为:“能采取适当而有效的避碰行动,并能在适合当时环境和情况的距离以内把船停住”的航速。

2. 安全航速的适用范围

(1)适用于“每一船舶”。

(2)任何种类在航船舶。

(3)适用于“任何时候”,即白天或夜间、晴天或雨天。

(4)任何能见度,不论是否互见。

(5)适用于任何水域,即大洋中或沿海、狭水道航行;通航密度大或通航密度小。

3. 决定安全航速应考虑的因素

决定安全航速应考虑的因素包括但不限于规则所列因素:

(1)能见度情况

能见度情况是决定安全航速是应考虑的最重要的因素。能见度不良将导致驾驶与航行的种种困难,使驾驶人员花费更多的时间来估算局面和判断碰撞危险,因此,能见度不良时,应控制船速。

(2)通航密度

通航密度通常是指单位面积水域中船舶的密集程度。通航密度大,船舶间的会遇频率必然增加,碰撞的危险程度必然增大,使驾驶人员要花费更多的时间来估计局面,因此,通航密度大时,应控制船速。

船舶在渔船密集区、港口附近等通航密度较大的水域中航行时,所用速度一般要比在通航密度较小的水域中低,或备车行驶,这种做法是符合良好船艺的要求的。

(3)船舶的操纵性能

①船舶的大小、载重情况、舵效、主机马力、倒车力量。

②船舶的操纵性能,特别是在当时情况下的冲程和回旋性能。

③对避碰来说,船舶的操纵性能指的是旋回性能和惯性性能。从船舶操纵理论可知,船速越大冲程也就越长,一般货船停车冲程将达 8~20 倍船长,倒车冲程将达 5~15 倍船长;VLCC 倒车冲程可能达 15~20 倍船长。

(4)背景亮光

根据英国海军航标表提供的灯光照距图解资料,照距 6 n mile 的灯桩或桅灯,若背景有居民区弱灯光,该灯光照距将下降至 2.5 n mile;若背景有城市或港口设施的较强灯光,则该灯光照距下降至 1.0 n mile,因此,船舶航经该水域时,应适应控制速度。

(5)风、浪和流、危险物。

(6)吃水与水深

“浅水效应”将严重影响的操纵性能,特别是旋回性能,如舵效变差,旋回直径增大。

4. 需要调整航速的情况

根据以往的经验、教训,船舶航行中,如遇到下列各种情况,值驾驶员应考虑当时的航速是否需要调整。

(1)能见度降低或能见度不良时;

(2)见到来船显示号灯不明确,航向左右不定,当时海域又不允许我船早让、宽让时;

(3)环境复杂、水面船舶密度大或前方情况不明时或遇到编队的军舰、渔船或其他船舶,其航向不定时;

(4)我船发出声号后,来船没有回答同时避让行动不明显时或两船所发放的声号不一致时或遇到不遵守规则船舶时;

(5)过弯曲水道时,或岸上、水面灯光照耀影响正常瞭望时;

(6)其他需要考虑的情况时。

5. 地方限速与安全航速的关系

(1)地方限速是主管机关根据当地水域的一些具体情况(水深、宽度、水文、气象、通航密度等)所做出的一种限制性的规定。

(2)地方限速在某种特定条件下可能是安全航速,但是当条件变化时,可能就不是安全航速。船舶不但要遵守地方限速还要考虑到规则关于安全航速的规定。

第三节　碰撞危险

本节概要:本节从规则内容出发,介绍安全航速的含义及安全航速适用范围。本节着重介绍决定安全航速应考虑的因素；驾驶员在何时应当调整航速，以保证此时的航速为安全航速；地方限速和安全航速之间的取舍要点。

一、规则内容

(1)每一船都应使用适合当时环境和情况的一切有效手段断定是否存在碰撞危险，如有任何怀疑，则应认为存在这种危险。

(2)如装有雷达设备并可使用的话，则应正确予以使用，包括远距离扫描，以便获得碰撞危险的早期警报，并对探测到的物标进行雷达标绘或与其相当的系统观察。

(3)不应当根据不充分的材料，特别是不充分雷达观测的材料做出推断。

(4)在断定是否存在碰撞危险时，考虑的因素中应包括下列各点：

①如果来船的罗经方位没有明显的变化，则认为存在这种危险；

②即使有明显的方位变化，有时也可能存在这种危险，特别是在驶近一艘很大的船或拖带船组时，或是在近距离驶近他船时。

二、内容剖析

(一)碰撞危险的含义

(1)规则对碰撞危险没有给出明确的定义。

(2)一般可理解为两船潜在的碰撞可能性及一切不安全因素。

(3)碰撞危险与很多因素有关，但根本的因素是(最近会遇距离)DCPA 和(最近会遇时间)TCPA。

①DCPA 表示存在碰撞危险的可能性，当 0<DCPA<安全会遇距离，则存在碰撞危险。

②TCPA 表示碰撞危险紧迫程度的大小，TCPA 越小，危险紧迫程度越大；反之，则越小。DCPA 小于安全值，通常认为存在碰撞危险。

(4)还应当考虑一切不确定性因素，如：环境因素及当事船舶条件的变化；他船改变航向航速的可能性等。

(二)(本条)适用范围

(1)适用于“每一船舶”；

(2)每一在航船舶；

(3)每一锚泊船或搁浅船；

(4)任何种类的船舶；

(5)让路船和直航船。

(三)适用于任何水域

(1)大洋中或沿海、狭水道航行；

(2)通航密度大或通航密度小。

（四）判断碰撞危险的手段

（1）适合当时环境和情况下的一切有效手段，例如，在能见度良好的情况下，视觉是一种有效手段；在能见度不良的情况下，雷达是一种有效手段。

（2）所用手段是否有效主要是看是否适合当时的环境和情况。

（3）当时的环境和情况包括能见度、通航密度、气象等情况。

（五）判断碰撞危险的方法

1. 罗经方位法

如图 3-1 所示，通过罗经连续地观测来船的方位变化情况，进而判断是否存在碰撞危险。罗经方位判断碰撞危险方法是最常用、最有效的方法，或基本方法，尤其适于互见，特点是简单、方便、迅速、直观。罗经观测方位（与真方位的差别是未校正罗经差），可以是：磁罗经方位 *MB*、陀螺罗经方位 *GB*。

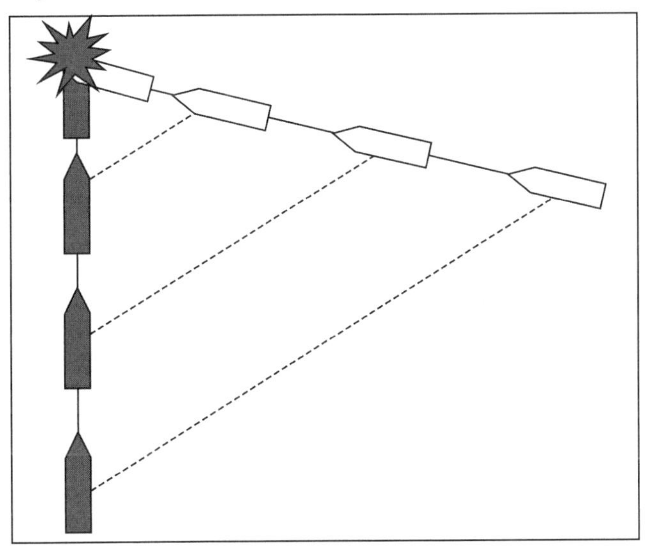

图 3-1　罗经方位法判断碰撞危险

应用罗经方位法应注意：

（1）船罗经方位没有明显的变化，存在碰撞危险；

（2）有明显的方位变化，有时也可能存在碰撞危险。

①来船采取了一连串的行动或航向不稳定；

②在驶近一艘很大的船舶时；

③或驶近拖带船组时；

④当近距离驶近他船时。

（3）来船回波方位随距离的变化率与来船 DCPA 有关，与来船的距离也有关。

（4）在来船的 DCPA 不变（不为零）的情况下，其罗经方位的变化率与来船的距离的关系是：距离较远时变化较慢；距离近时变化快。

（5）不能认为来船方位变化加快说明来船一定采取了行动使 DCPA 增大或不存在碰撞危险。

2. 舷角判断法

如图 3-2 所示,舷角判断法是通过观测来船的舷角的变化来判断碰撞危险的一种方法,也称之为相对方位判断法。这种方法也是船舶驾驶员经常使用的一种方法,其原理与罗经方位法基本一致。注意:规则中所述的方位不应当是相对方位或物标舷角(与真方位的差别是本船首向),在本船航向不稳定或转向过程中容易得出错误判断。

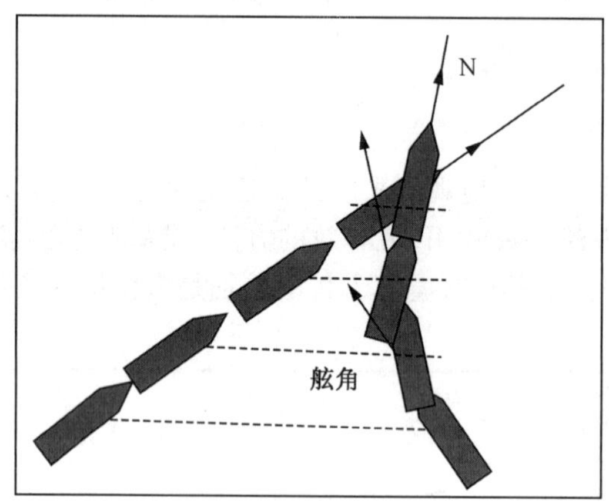

图 3-2　舷角判断法

3. 雷达标绘判断法

(1)雷达调整或使用

①把所有的按钮调整到最佳状态;

②选择合适的雷达距离标尺和显示方式;

③利用雷达观测的物标距离估计当时的能见度等;

④远距离扫描。

(2)雷达标绘或相当的系统观察

①对 ARPA 雷达保持不间断的观察;

②利用雷达的机械方位盘的平行线对回波进行系统的连续观测;

③利用雷达电子方位线及活动距标圈对回波进行系统的连续观测;

④利用雷达观测的物标方位距离变化估计 DCPA(应注意两次观测数据是不充分的)。

(六)判断碰撞危险的原则

(1)如有怀疑,应认为存在碰撞危险。

(2)不应当根据不充分的资料,特别是不充分的雷达观测资料做出推断,包括:

①相对方位的估计;

②凭雾号获得的资料;

③利用两次测得数据进行标绘的资料;

④观测数据不准确;

⑤观测次数少等。

第四节　避免碰撞的行动

本节概要：本节从规则内容出发，介绍采取避免碰撞的行动的要求，详细解释“早、大、宽、清”的本质。本节着重介绍在不同的情况下应该采取何种行动以及错误的行动会导致危险。

一、规则内容

1. 任何避免碰撞的行动，应根据本章各条规定采取，如当时环境许可，应是积极地、及早地进行和充分注意运用良好的船艺。

2. 为避免碰撞而做的航向和（或）航速的任何变动，如当时环境许可，应大得足以使他船视觉或雷达观测时容易察觉到；应避免对航向和（或）航速做一连串的小变动。

3. 如有足够的水域，则单用转向可能是避免紧迫局面的最有效行动，只要这种行动是及时的、大幅的，并且不致造成另一紧迫局面。

4. 为避免与他船碰撞而采取的行动，应能导致在安全的距离驶过。应仔细查核避让行动的有效性，直到最后驶过让清他船为止。

5. 如需为避免碰撞或留有更多的时间来估计局面，船舶应当减速或停止或倒转推进器把船停住。

6. (1) 根据本规则的任何规定，要求不得妨碍另一船通过或安全的船舶应根据当时环境的需要及早地采取行动以留出足够的水域供他船安全通过。

(2) 如果在接近其他船舶致有碰撞危险时，被要求不得妨碍另一船通过或安全通过的船舶并不解除这一责任，且当采取行动时，应充分考虑到本章条款可能要求的行动。

(3) 当两船相互接近致有碰撞危险时，其通过不得妨碍的船舶仍有完全遵守本章各条规定的责任。

二、内容剖析

（一）积极的、及早的行动

1. 根据规则要求采取

(1) 按照规则第二章各条的规定、为避免碰撞所采取的改变航向和（或）航速的行动。

(2) 并不要求所有的船舶均很早地采取行动；

(3) 适用任何负有避让责任的船舶，不适用于直航船。

2. 当时的环境许可

(1) 当时的海况、能见度、通航密度、水域宽度、航海危险物以及本船的操纵性能等是否允许及早行动。例如，转向时是否有足够水域；减速时是否有足够时间。

(2) 对当时的局面和碰撞危险做出了充分的估计。

3. 积极的行动

(1)做出行动时要果断、毫不犹豫,犹豫往往错过良好时机;

(2)做出的行动要是明确的、确实的、有把握的。

4. 及早的行动

(1)要求在时间上留有充分的余地;

(2)以避免“紧迫局面”为标准;

(3)“及早”在实际中表现为远距离上(通常认为在正横前相距 4~6 n mile,正横后相距 3 n mile)采取行动。

5. 良好的船艺

良好的船艺指优良的操船技艺,是海员通常做法的一部分,是航海人员长期的航海经验的积累。下列做法通常被认为是符合良好船艺要求的:

(1)交通密集区、狭水道或航道航行时,备车备锚;

(2)夜间检查本船所显示号灯的工作情况;

(3)采取避碰行动时,使用手操舵,下达舵角指令;

(4)在受限水域及交通密集区,通常采取左舷追越,并保持适当的横距;

(5)被追越船如条件许可,可减速来缩短并行时间,适当转向以增大两船横距;

(6)在河道或某些特定水域中航行时,遵循逆水船让顺水船、轻载船让重载船、进口船让出口船的习惯做法;

(7)强风急流驶入锚地时,应在锚泊船的下风和下水方向通过,锚位应选在其他锚泊船的下风、下流处,并留有足够的旋回余地;

(8)遇雾时,如对船舶航行安全无法保证,则应选择锚地抛锚或漂航,至少应将航速减到维持其舵效的最小速度。

(二)大幅度的行动

1. 前提:“如当时环境许可”。

2. 行动幅度:

(1)视觉观察上容易察觉到

①白天:方位及船首向明显地发生变化;

②夜间:号灯明显的发生变化;

③最容易被他船用视觉察觉的避让行动通常是大幅度转向。

(2)雷达观察时容易观察到

雷达观察的是相对运动,减速或改向措施是否容易察觉取决于多种因素:

①两船距离;

②会遇势态;

③船速比等;

④通常在远距离或避让效果较差的减速或改向行动,用雷达观察时不容易察觉到。

3.“大幅度”量化解释：

通常情况下：

(1)转向：至少 30°；

(2)减速：至少一半。

在采取转向避让行动时，应注意，并不是避让幅度越大，避让效果越好越符合规则的精神。不在互见中：应考虑避让效果及距离。

互见中：

(1)将船头(或船尾或另一舷)对准他船通常容易察觉；

(2)减速通常不容易察觉。

4. 避免一连串的小变动，其危害为：

(1)不易被他船用视觉或雷达观察时察觉到；

(2)不利于他船对本船的意图做出正确判断；

(3)不利于他船对是否存在碰撞危险做出正确判断；

(4)易导致两船行动的不协调；

(5)延误避让时机。

(三)避免紧迫局面

1. 紧迫局面的含义

(1)定性解释：接近到(单凭一船的行动)不能达到在安全距离上驶过的局面，如表 3-1 所示。

表 3-1　紧迫局面定量解释

能见度情况	大船	小船
能见度不良	3~4 n mile	2~3 n mile
互见	2 n mile 左右	1 n mile 左右

(2)定量解释：与水域宽度、能见度等因素有关。

2. 形成紧迫局面的原因

(1)未能发现或及早发现来船，或未及早采取避让行动；

(2)判断碰撞危险的方法不当或依据不充分的资料做出判断；

(3)未用安全航速；

(4)未及早采取行动；

(5)没有遵守规则。

3. 避免急迫局面的最有效的行动——单凭转向条件

(1)有足够的水域(先决条件)；

(2)行动是及时的，大幅度的；

(3)不至于造成另一紧迫局面。

4. 紧迫危险

两船距离接近到(单凭一船采取行动)已难以避免发生碰撞的局面。

5. 碰撞责任的确定原则

哪一船造成紧迫局面,将负主要责任。

6. 避免紧迫局面的适用范围

(1)适用于互见中的让路船;
(2)不适用直航船;
(3)适用于负有同等责任和义务局面的船舶。

(四)安全距离

1. 安全距离范围

(1)互见中,宽阔水域:白天 DCPA≥1 n mile;夜间 DCPA≥1.5 n mile。
(2)能见度不良,宽阔水域 DCPA≥2 n mile。

2. 决定安全距离应考虑的因素

(1)能见度;
(2)本船的大小、航速、操纵性;
(3)相对航向、航速;
(4)航行水域、通航密度;
(5)他船保向、保速的程度;
(6)雷达设备的特性;
(7)观测者使用雷达的经验等。

(五)核查避让行动的有效性

1. 适用范围

(1)适用于互见中的让路船;
(2)适用于互见中的直航船;
(3)适用于负有同等避让责任和义务局面的船舶。

2. 避让的有效性

(1)按本规则准许或要求采取行动;
(2)被他船观察时容易地察觉到;
(3)导致在安全距离上驶过。

(六)减速和停船

1. 目的

(1)留有更多的时间来估计局面;
(2)避免碰撞(不是紧迫局面,也不是碰撞危险)。

2. 时机

(1)局面判断不明时;
(2)情况需要。

(3)根据国际海事法庭案例,下列情况下应当减速或把船停住:

①能见度不良时,除已断定不存在碰撞危险外,当听到他船的雾号显示在本船正横以前或者与正横前他船不避免紧迫局面时;

②当在近距离看到他船,由于能见度不良或其舷灯的灯光微弱,以致无法判定他船的航向时;

③在通航密度大的水域,不明前方航路情况时;

④富余水深不足时;

⑤靠近航海危险物时;

⑥在狭水道中被追越船同意他船追越时;

⑦让路船,单凭转向不能避免碰撞时;

⑧在港口航行,以防浪损时;

⑨对他船的信号,行动有怀疑时;

⑩为避免紧迫危险时。

(七)不应妨碍

1. 不应妨碍的含义

其指留出足够水域保证另一船的通过或安全通过,即避免形成碰撞危险。

2. 适用对象

第九条:

(1)帆船和长度小于 20 m 的船舶;

(2)从事捕鱼的船舶;

(3)穿越狭水道或航道的船舶(不应穿越);

第十条:

(1)帆船和长度不小于 20 m 的船舶;

(2)从事捕鱼的船舶;

第十八条:

(1)除失控和操限船外的任何船舶;

(2)水面上的水上飞机;

(3)起飞、降落或贴近水面飞行的地效船。

3. 航法和行动

(1)应采用不与他船构成碰撞危险的航法航行;

(2)应采用能导致在安全距离上驶过的航法航行;

(3)当与他船构成碰撞危险时,不得妨碍他船的船舶并不解除“不应妨碍”责任,且当采取行动时,应充分考虑到本章各条可能要求的行动(可能成为直航船)。对于不得被妨碍的船舶来说,当两船接近构成危险时,不得被妨碍的船舶,仍有完全遵守本章各条规定的责任(可能成为让路船)。

(4)应注意的问题:

①“不得妨碍”和“让路”是两个不同的概念;

②避让责任将取决于其他有关条款的规定；

③无论何种原因的两船接近构成碰撞危险时，两船都有遵守本章各条规定的责任；

④构成碰撞危险时，不能妨碍他船的船舶可能是让路船，也可能是直航船；不得被妨碍的船舶可能是让路船，也可能时直航船；

⑤"不妨碍条款"适用于碰撞危险形成之前，也适用于碰撞危险形成之后（责任未解除）。

第五节　狭水道

本节概要：本节从规则内容出发，介绍狭水道的定义及特点。本节着重介绍各类船舶在狭水道航行中航行的航行方法和航行中应当注意的事项；在本节中还对狭水道中"不应妨碍"的规定做了诠释。

一、规则内容

1. 船舶沿狭水道或航道行驶时，只要安全可行，应尽量靠近本船右舷的该水道或航道的外缘行驶。

2. 帆船或者长度小于 20 m 的船舶，不应妨碍只能在狭水道或航道以内安全航行的船舶通行。

3. 从事捕鱼的船舶，不应妨碍任何其他在狭水道或航道以内航行的船舶通行。

4. 船舶不应穿越狭水道或航道，如果这种穿越会妨碍只能在这种水道或航道以内安全航行的船舶通行。后者若对穿越船的意图有怀疑时，可以使用第三十四条 4 款所规定的声号。

5.（1）在狭水道或航道内，如只有在被追越船必须采取行动以允许安全通过才能追越时，则企图追越的船，应鸣放第三十四条 3 款（1）项所规定的相应声号，以表示本船的意图。被追越船如果同意，应鸣放第三十四条 3 款（2）项所规定的相应声号，并采取使之能安全通过的措施。如有怀疑，则可以鸣放第三十四条 4 款所规定的声号。

（2）本条并不解除追越船根据第十三条所负的义务。

6. 船舶在驶近可能被居间障碍物遮蔽他船的狭水道或航道的弯头或地段时，应特别机警和谨慎地驾驶，并应鸣放第三十四条 5 款所规定的相应声号。

7. 任何船舶，如当时环境许可，都应避免在狭水道内锚泊。

二、内容剖析

（一）狭水道

狭水道指航行水域有限，致使船舶不能自由操纵的天然水道，一般认为宽度为 2 n mile 左右的水道为狭水道，但实际上，冰区，水雷区，岛礁区航道以及江河、港口进出口的一部分也被认为是"狭水道"。

（二）航道

航道指开敞性可航水道或由港口当局加以疏浚维持一定水深的可航水道，一般有航道浮标或中央标。

（三）特点

（1）航道宽度受限制；
（2）水深及其他航行条件受限制；
（3）船舶一般都是在很近的距离内相互驶过；
（4）多数制定有地方性规则；
（5）若地方规则与国际规则有矛盾时，按地方规则执行。

（四）适用范围

（1）适用范围为任何能见度情况的一切船舶；
（2）但涉及具体的条款适用的船舶或情况时，适用范围却并不相同；
（3）适用于任何沿狭水道或航道行驶的船舶；
（4）从他船的左舷追越被认为是“良好的船艺”。

（五）航法

（1）应尽量靠近本船右舷的该水道的外缘行驶；
（2）船舶应根据水道的水深及本船的吃水来决定本船的行驶区域；
（3）浅吃水船舶应比深吃水船舶更靠近水道的右侧外缘行驶。

（六）目的

（1）保持航向相反两船舶之间有一定的横距，避免或减少船间效应。
（2）如果占了来船的航道，就会给来船造成困难，不利于避碰。

（七）前提

（1）只要安全可行，通常指沿狭水道或航道行驶的船舶。当遵守右行规则时，不至于发生任何航行危险的情况。

（2）航行危险一般指搁浅、触岸或碰撞码头及岸壁效应、船间效应等。

（3）狭水道中发生的碰撞事故案例，许多是违反了“右行规则”的规定，而与来船发生碰撞。

（八）不应妨碍

（1）帆船或者长度小于 20 m 的船舶，不应妨碍只能在狭长水道或航道内安全航行的船舶通行，这类船舶通常是指：“由于可航水域的宽度太窄，致使其偏离所行驶的能力严重地受到限制的船舶”，包括限于吃水的船舶。

（2）不属于“只能在狭水道或航道内安全航行的船舶”，从良好的船艺的角度出发，也应避免妨碍“只能在狭水道或航道内安全航行的船舶”的安全通行。

（3）从事捕鱼的船舶，不应妨碍任何其他在狭水道或航道以内的船舶，包括：

①帆船和长度小于 20 m 的船舶；

②穿越狭水道或航道的船舶；

③只能在狭水道以内航行的船舶。

(4)从事捕鱼的船舶的航法：

①碰撞危险形成之前

“根据当时环境的需要及早地采取行动以留出足够的水域供他船安全通过”，即不与他船构成碰撞危险的航法航行。

②碰撞危险形成之后

“并不解除这一责任，且当采取行动时，应充分考虑到本章条款可能要求的行动”，即遵守规则有关避免碰撞行动的有关规定，包括“互见规则”。

(九)狭水道或航道中追越

1. 适用范围

(1)在狭水道或航道中；

(2)任何种类船舶之间；

(3)互见中(无论能见度如何)。

2. 追越声号

只有在前船必须采取行动以允许安全通过时，后船(追越船)应鸣放的声号：

(1)企图从右舷追越：二长一短。

(2)企图从左舷追越：二长二短。

无论其他条款如何规定，也不论规则对被追越船有何要求，追越船始终有让清被追越船的责任与义务，直到最后让清止。

被追越船：

(1)同意追越：一长一短，一长一短，让出航道，保证有足够的水域，供后船通过；降低船速，缩短并航时间(应保持舵效)。

(2)存在怀疑或不同意追越时，(可以鸣放)五短声。

(3)不强制鸣放“警告”声号。

(4)如果追越已经开始，被追越船如果存在“怀疑”，则应鸣放警告声号。

3. 狭水道或航道中追越应注意的问题

(1)如通航密度大、航道弯段、禁止追越的区域在能见度不良时以及不易追越的情况下，不得追越；

(2)通常应在前船的左舷追越；

(3)保持平行追越，消除航向交角；

(4)注意船吸现象；

(5)追越过程中始终履行让路船的责任与义务，注意被追越的动态，并保持高度的戒备等；

(6)弯头地段需特别机警和谨慎驾驶；

(7)右侧通行；

(8)通常应避免在弯道处会遇;
(9)声号的规定:一声长表示本船的存在;
(10)注意警告来船(如有)。

(十)避免锚泊

(1)通常不应在狭水道或航道内锚泊。
(2)锚泊条件:
①当时的环境许可;
②紧急情况下,危及船舶安全时,应选择在远离主航道或不妨碍他船的水域锚泊,或在指定的锚地锚泊。

第六节　船舶定线制

本节概要:本节从规则内容出发,介绍船舶定线制的含义、作用和目的,简单的介绍各种定线制的特点以及航行方法。本节着重介绍各类船舶在分道通航制航行中的航行方法和航行中应当注意的事项;在本节中还对分道通航制中"不应妨碍"的规定做了诠释。

一、船舶定线制

(一)含义

船舶定线制是一条或数条航路的任何制度或定线措施,旨在减少海难事故的危险,包括分道通航制、双向航路、推荐航线、避航区、禁锚区、沿岸通航带、环形道、警戒区及深水航路。

(二)作用或目的

(1)分隔相反的交通流,以减少对遇局面的发生;
(2)减少穿越船与航行在已建立的通航分道内的船舶之间的碰撞危险;
(3)简化船舶汇聚区域内交通流的形式;
(4)在沿海开发或勘探集中的区域内组织安全的交通流;
(5)在对所有船舶或对某些等级的船舶航行有危险或不理想的水域中或其周围组织安全的交通流;
(6)在环境敏感区域内或周围或距该区域一定安全距离的水域组织安全的交通流;
(7)在水深不明或水深接近吃水的区域对船舶提供特殊指导,以减少搁浅的危险;
(8)指导船舶避开渔场或组织船舶通过渔场;
(9)最主要目的是减少船舶的会遇并减少形成碰撞危险的局面。

(三)定线制构成

1. 分隔带或分隔线

分隔带或分隔线是分隔交通流方向相反或接近相反的通航分道、通航分道与邻近的海区、特殊级别船舶指定的通航分道的带或线。

应注意，分隔线不同于航道边界线，应具有一定的宽度，只不过相对分隔带的宽度较小。

2. 通航分道

在规定界限内建立单向通航的一种区域，该区域即是船舶通航的航路，其边界可以由分隔带或自然碍航物构成。

3. 交通流方向

交通流方向指示分道通航制内规定的交通运行方向的一种交通流图式，一般用实线空心箭头表示。

4. 推荐的交通流方向

推荐的交通流方向是在规定交通流方向不可行或不必要的地方，指示推荐交通运行方向的一种交通流图式，一般用虚线空心箭头表示。

(四)定线制种类

1. 环形道

环形道是一种由一个分隔点或圆形分隔带和一个规定界限的环形通航分道所组成的定线措施。在环形通道内，通航船舶环绕分隔点或带按逆时针方向航行而实现分隔，环形道如图3-3所示。

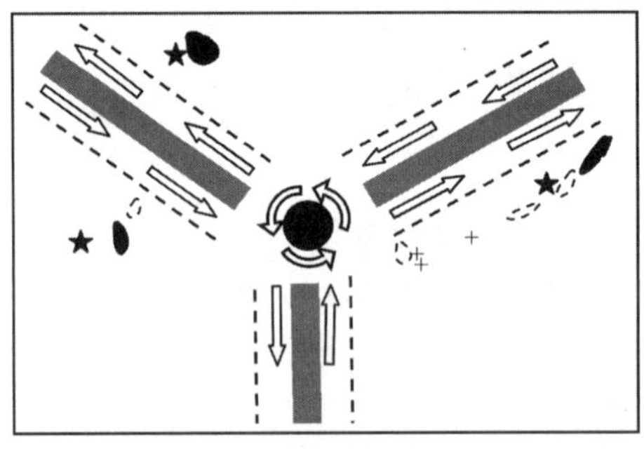

图 3-3 环形道

2. 沿岸通航带

沿岸通航带是由一个指定区域构成的一种定线措施，该区域位于分道通航制向岸一侧边界与邻近的海岸之间，并按照规则第十条4款规定使用，如图3-4所示。

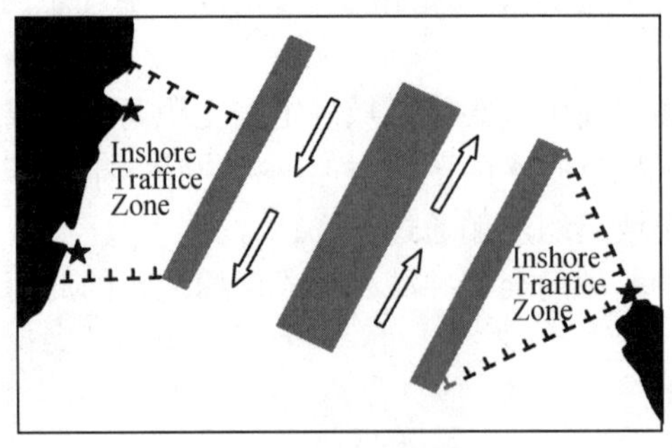

图 3-4 沿岸通航带

应注意沿岸通航带是一种船舶的定线制形式，并不是分道通航制的一部分。

3. 双向航路

双向航路是指在规定的界限内建立双向通航，其目的是为通过航行困难或危险水域的船舶提供安全通道的一种措施，在双向航路内，船舶应采取类似狭水道的右行规则，如图 3-5 所示。

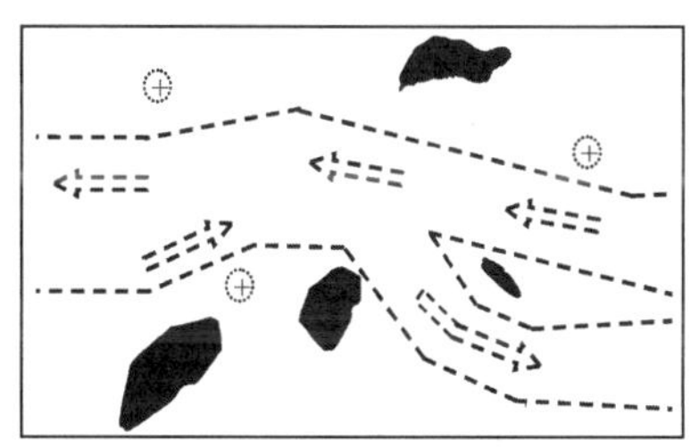

图 3-5　双向航路

4. 推荐航路

推荐航路是为方便船舶通过而设置的未规定宽度的一种航路，往往以中心线浮标作为标志，如图 3-6 所示。

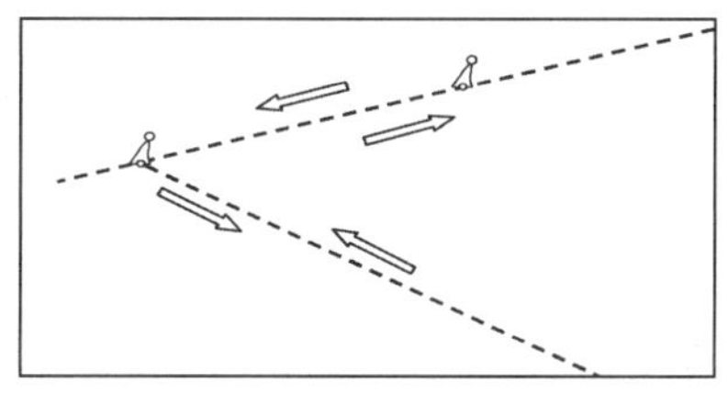

图 3-6　推荐航路

5. 警戒区

警戒区是由一个区域构成的一种定线措施。在该区域的规定界限内，可能有推荐的交通流方向，船舶在该区域中航行时必须特别谨慎地驾驶，警戒区往往设在分道通航制水域的端部或航路连接附近，如图 3-7 所示。

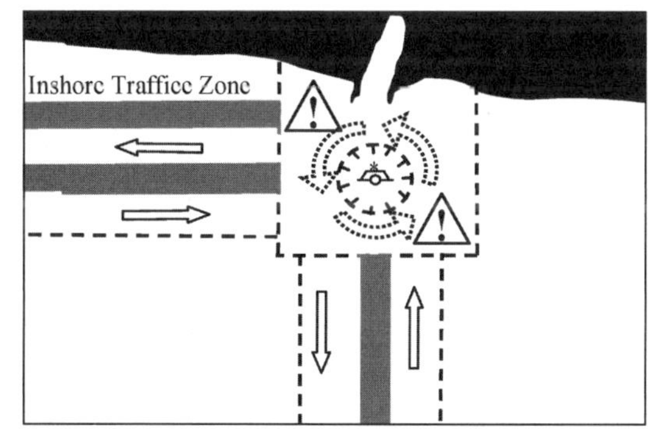

图 3-7　警戒区

（1）在该区域的规定界限内，可能有推荐的交通流方向；

（2）船舶在该区域中航行时必须特别谨慎地驾驶；

(3)警戒区往往设在分道通航制水域的端部或航路连接附近。

6. 推荐航线

推荐航线是指经过特别选择以尽可能保证无危险存在并建议船舶沿其航行的一种航路，如图 3-8 所示。

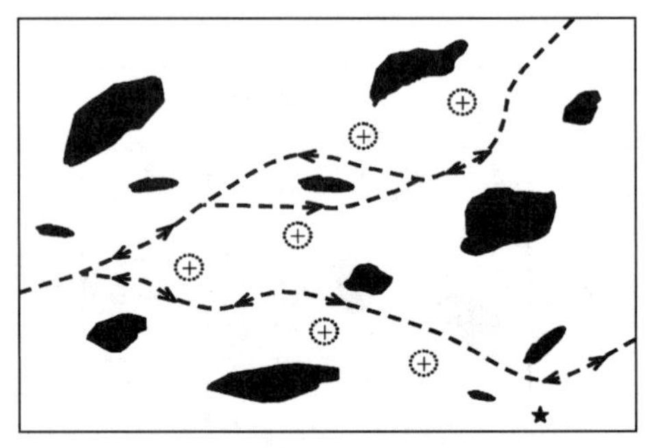

图 3-8 推荐航线

7. 深水航路

深水航路是在规定的界限内，海底及海图上所标志的水下障碍物已经精确测量适于深吃水船舶航行的航路，如图 3-9 所示。

深水航路主要是预期给那些由于其吃水与有关区域的可用水深的关系而需要使用这一航路的船舶使用，在海图上标明最大吃水。浅吃水船舶应尽量避免使用深水航路。

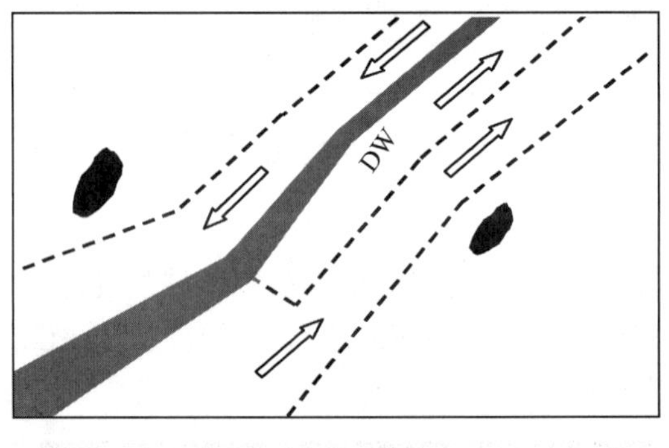

图 3-9 深水航路

8. 避航区

避航区是由一个规定界限的区域构成的一种定线措施，在该区域内航行特别危险或对于避免海难事故特别重要。所有船舶或某些等级的船舶应避开该区域，如图 3-10 所示。

9. 禁锚区

禁锚区是由一个规定界限的区域构成的一种定线措施区域，该区域内船舶锚泊是危险的或可能对海洋环境造成无法接受的损害，除非是在船舶或人员面临紧迫危险的情况下，所有船舶或特定类型船舶应避免在禁锚区内锚泊。

(五)定线制的使用

(1)除非另有说明使用，船舶定线制推荐给所有的船舶使用。

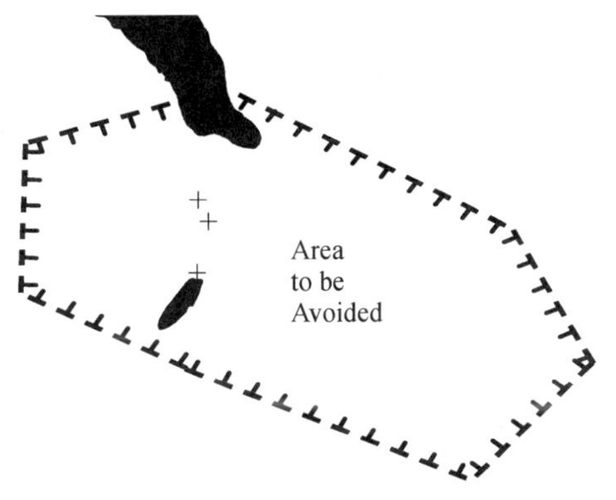

图 3-10　避航区

(2)要求船舶在各种天气条件下遵守。

(3)海图上标明的与船舶定线制相关的箭头仅仅指示规定的或推荐的船舶总流向,船舶在航道中行驶时,其航迹应与规定的或推荐的交通流方向一致,而不是严格地按照箭头设定其航向。

(4)航道完全分隔是不可能的,在船舶汇聚处应特别谨慎地驾驶。

(5)不使用定线制的船舶应尽可能远离该区。

(6)按船舶定线制规定航行的船舶在所负的避让责任和义务中并不享有任何优先权。

(7)使用定线制的船舶仍需全面遵守规则,尤其是第二章第二、三节的规定以及沿海国有关主管机关的特殊规定。

(8)应注意到一国政府在紧急情况下也可能对被 IMO 所采纳的定线制进行适当的调整,并可以在 IMO 批准前履行这种变动。

二、分道通航制

(一)规则内容

1. 本条适用于本组织所采纳的各分道通航制。

2. 使用分道通航制区域的船舶应:

(1)在相应的通航分道内顺着该分道的船舶总流向行驶;

(2)尽可能让开通航分隔线或分隔带;

(3)通常在通航分道的端部驶进或驶出,但从分道的一侧驶进或驶出时应与分道的船舶总流向形成尽可能小的角度。

3. 船舶应尽可能避免穿越通航分道,但如不得不穿越时,应尽可能与分道的船舶总流向成直角穿越。

4. (1)当船舶可安全使用邻近分道通航制区域中相应通航分道时,不应使用沿岸通航带。但长度不小于 20 m 的船舶、帆船和从事捕鱼的船舶可使用沿岸通航带。

(2)尽管有本条 4 款(1)规定,当船舶抵离位于沿岸通航带的港口、近岸设施或建筑物、引航站或任何其他地方或避免紧迫危险时,可使用沿岸通航带。

5. 除穿越船外,船舶通常不应进入分隔带或穿越分隔线,除非:

(1)在紧急情况下避免紧迫危险;

(2)在分隔带内从事捕鱼。

6. 船舶在分道通航制区域端部附近行驶时,应特别谨慎。

7. 船舶应尽可能避免在分道通航制区域内或其端部附近锚泊。

8. 不使用分道通航制区域的船舶,应尽可能远离该区。

9. 从事捕鱼的船舶,不应妨碍按通航分道行驶的任何船舶的通行。

10. 帆船或长度小于 20 m 的船舶,不应妨碍按通航分道行驶的机动船的安全通行。

11. 操纵能力受到限制的船舶,当在分道通航制区域内从事维护航行安全的作业时,在执行该作业所必需的限度内,免受本条规定的约束。

12. 操纵能力受到限制的船舶,当在分道通航制区域内从事敷设、维修或起捞海底电缆时,在执行该作业所必需的限度内,免受本条规定的约束。

(二)内容剖析

1. 适用范围

(1)IMO 所采纳的任何分道通航制水域。

(2)不管该区域是否业已被 IMO 所采纳,船舶均应严格地执行该区域的有关(地方)规定。

(3)IMO 未采纳的分道通航制区域内:

①“分道通航制条款(第十条)”不适用;

②规则其他条款仍然适用于该区域(前提:该水域处于规则适用水域内)。

2. 与规则其他条款的关系

(1)分道通航制规定了使用分道通航制水域的准则,与避让责任或行动没有关系。

(2)违背分道通航制区域规则的船舶,不(因违背分道通航制而)负有让清沿分道航行的船舶的责任。

(3)遵守分道通航制区域规则的船舶,不(因遵守分道通航制而)享有任何权利。

3. 不解除任何船舶遵守规则其他各条规定的责任

(1)但在设有分道通航制的狭水道内,船舶往往需要沿通航分道行驶而不应靠右侧(进入沿岸通航带)行使。

(2)在确定船舶不应妨碍的义务时,因注意到“分道通航制条款(第十条)”的规定优先于第十八条的规定。

4. 在 IMO 采纳的分道通航制区域内,必须注意分道通航制的规定(适用于任何能见度)与船舶间责任条款的区别与联系

(1)在两条款规定不一致时,应当执行分道通航制条款;

(2)若分道通航制条款没有规定(或要求),则在互见中遵守船舶间责任条款。

5. 使用分道通航制的三项原则

(1)在相应的通航分道内沿船舶的总流向行驶,指的是船舶航迹向。

(2)尽可能让开分隔线或分隔带,意味着在通航分道的中心线或其附近航行。

(3)通常在通航分道的端部驶进或驶出;如从一侧驶进或驶出,或从分道一侧转移到另一

侧,应尽可能与总流向成较小的角度。任何在通航分道中顺着船舶总流向行驶的船舶,均可以认为是“使用分道通航制区域的船舶”。不使用分道通航制区域的船舶应尽可能远离分道通航制区域。在通航分道内从事捕鱼的船舶也应遵守分道通航制规定的航法,在分隔带或沿岸通航带内可以向任何方向进行捕鱼作业。

6. 沿岸通航带

可使用沿岸通航带的船舶:

(1)帆船和长度小于 20 m 的船舶;

(2)从事捕鱼的船舶;

(3)不能安全使用邻近相应通航分道的船舶;

(4)抵离位于沿岸通航带中的港口、近岸设施或建筑物、引航站或任何其他地方的船舶;

(5)避免紧迫危险的船舶;

(6)“免受约束的操限船”;

(7)其他可安全使用邻近分道通航制水域中相应通航分道的船舶,通常不应使用沿岸通航带。

7. 穿越通航分道

(1)船舶应尽可能避免穿越通航分道,如不得不穿越,应尽可能与总流向成直角的船首向穿越;

(2)规定的目的是缩短穿越的时间;便于他船发现该船的穿越意图;便于交通管制中心的监视;

(3)穿越通航分道的船舶不因穿越负有更多的义务(与穿越狭水道不同),船舶间的责任与是否穿越无关;

(4)穿越通航分道而驶进(或驶出)另一通航分道的情况。

8. 分隔带或分隔线

(1)通常船舶不应进入分隔带,除非:

①为了避免紧迫局面;

②为了避免碰撞危险;

③不应妨碍他船的船舶根据规则要求采取的行动;

④按照规则准许或要求采取的避免碰撞危险的行动(不充分)。

(2)可进入通航分隔带或穿越分隔线的船舶:

①在分隔带内从事捕鱼的船舶;

②紧急情况下为避免紧迫危险的船舶;

③穿越分道通航制区域的船舶;

④驶进驶出分道的船舶;

⑤“免受约束的操限船”。

9. 存在这样的说法

在特殊情况下,如主机故障等,船舶可进入分隔带锚泊,因不得不抛锚时,应尽量避免妨碍交通(进入分隔带内抛锚更可选)。

10. 不应妨碍

(1)从事捕鱼的船舶不应妨碍:

任何其他沿通航分道行驶的船舶,包括帆船、长度小于 20 m 的船舶以及机动船,但不包括穿越通航分道的船舶以及其他未按通航分道总流向行驶的船舶。

(2)帆船与长度小于 20 m 的船舶不应妨碍:

按分道通航制的通航分道行驶的机动船,指(除从事捕鱼船之外的任何船长大于等于 20 m 的用机器推进的船舶)。

11. 端部附近

(1)完全分隔交通流是不现实的;

(2)端部附近船舶可能进行较大幅度的转向;

(3)航线与通航分道交叉的船舶为避免穿越通航分道,可能在此区域通过;

(4)船舶航行在分道通航制水域端部附近时应特别谨慎地驾驶;

(5)在分道通航制水域端部附近航行时应充分地考虑到直航船可能改变航向。

12. 避免锚泊区域

(1)分道通航制水域(通航分道及分隔带内,不包括沿岸通航带);

(2)端部附近锚泊;

(3)特殊情况下,船舶可以抛锚,但应尽量避免妨碍交通(进入分隔带内抛锚更可选)。

13. 免受约束的船舶

(1)在分道通航制区域内从事维护航行安全作业的操纵能力受到限制的船舶,在执行该作业所必需的限度内;

(2)在分道通航制区域内从事敷设、维修或起捞海底电缆的操纵能力受到限制的船舶,在执行该作业所必需的限度内;

(3)紧急情况下为避免紧迫危险的船舶;

(4)维护航行安全的作业包括:疏浚作业、清除水雷作业;

(5)免受分道通航制条款的约束并不解除遵守规则其他各条款的责任。

14. 特殊信号

(1)在分道通航制区域中,“YG”信号的含义是:你船似未遵守分道通航制。

(2)收到“YG”信号,可能的情况是,本船驶入了相反向的通航分道,应立即检查本船航向与船位。

(3)发现他船没有遵守分道通航制航行规则或在相反的通航分道内行驶,可使用“YG”信号。

本章思考题

1. 渔船为什么要进行瞭望?瞭望的手段有哪些?怎么样进行有效的瞭望?

2. 使用安全航速的重要性有哪些?在使用安全航速是应考虑哪些因素?

3. 渔船存在碰撞危险的情况有哪些?应使用哪些方法判断碰撞危险?

4. “早、大、宽、清”的含义?两船相遇的不同阶段应采取何种行动?

5. 渔船在狭水道和分道通航制区域航行或捕鱼时应如何驾驶船舶？
6. 在规则中不应妨碍的情况有哪些？

第四章　船舶在互见中的行动规则

本章概要:本章介绍规则第二章第二节“船舶在互见中的行动规则”的内容,适用的前提是“互见中”,包括能见度良好时的互见和能见度不良时的互见。因此,本章所述的船舶之间的避让责任和追越、对遇、交叉相遇局面、让路船与直航船的行动等概念仅在互见中的避碰适用。此外,本章每节还针对渔船的特殊情况,单独阐述了渔船在各种会遇局面下的避让责任。

第一节　适用范围

一、规则内容

本节条款适用于互见中的船舶。

二、内容剖析

1. 互见的定义

(1)能以视觉发现他船;

(2)以能看到的事实为依据;

(3)不以实际互相是否看见为依据(指实际能够看到却因疏忽未看到的情况);

(4)与能见度没有关系,能见度不良时也可能存在互见的情况。

2. 规则规定了互见中的船舶的会遇局面

(1)适用于追越局面中的任何船;

(2)对遇局面和交叉相遇局面仅适用于机动船之间。

3. 船舶会遇局面的确定

(1)本章所述会遇局面仅适用于在航船舶(包括不对水移动);

(2)白天根据看见他船的态势(通常用反舷角表示)确定,较难准确判断;

(3)夜间根据航行灯确定,相对容易判断。

第二节　帆船

本节概要：本节从规则内容出发，介绍帆船条款的适用范围、构成该条款的条件以及避让责任，包括帆船之间的避让责任和机动船避让帆船的方法。

一、规则内容

（一）两艘帆船相互驶近致有构成碰撞危险时，其中一船应按下列规定给他船让路：

1. 两船在不同舷受风时，左舷受风的船应给他船让路；

2. 两船在同舷受风时，上风船应给下风船让路；

3. 如左舷受风的船看到在上风的船而不能断定究竟该船是左舷受风还是右舷受风，则应给该船让路。

（二）就本条规定而言，船舶的受风舷侧应认为是主帆被吹向的一舷的对面舷侧；对于方帆船，则应认为是最大纵帆被吹向的一舷的对面舷侧。

二、内容剖析

（一）适用范围

（1）互见中；

（2）两艘帆船相遇；

（3）构成碰撞危险；

（4）不在追越中，这是本节适用的前提条件；

（5）我国非机动船另有规定，不受本条约束。

（二）避让责任

（1）互见中两艘帆船相遇致有构成碰撞危险时（不在追越中）：

①两船不同舷受风时，左舷受风的帆船应给右舷受风的帆船让路；

②两船在同舷受风时，上风船应给下风船让路；

③左舷受风的船处于下风，无法判断上风船为何舷受风，该（下风）船为让路船。

（2）机动船避让帆船的方法：

当一艘机动船在海上与帆船相遇时，根据规则第十八条规定，机动船应给帆船让路，具体做法遵循以下原则：

①帆船顺风行驶时，应从帆船船尾通过〔如图 4-1（a）所示〕；

②帆船横风行驶时，应从帆船上风侧通过〔如图 4-1（b）所示〕；

③帆船逆风行驶时，应从帆船船尾通过〔如图 4-1（c）所示〕。

（3）与从事捕鱼的船舶的关系：

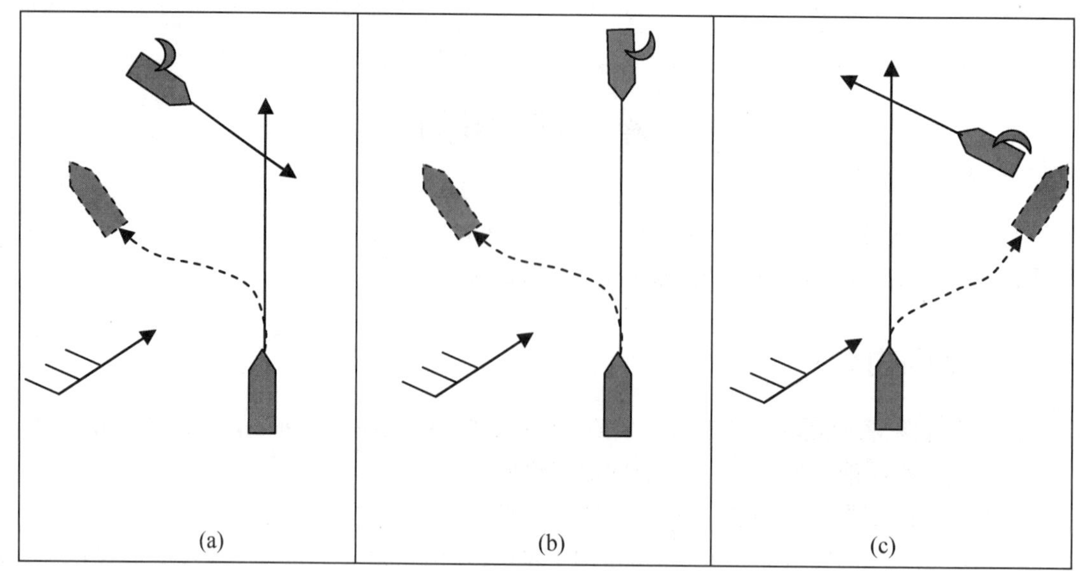

图 4-1 机动船避让帆船的方法

互见中，一艘在航帆船与一艘正在从事捕鱼的船舶相互驶近时，帆船为让路船，正在从事捕鱼的船舶为直航船。但是在无风状态下，帆船则属于失控船，此时根据规则第十八条规定，正在从事捕鱼的船舶为让路船，帆船(失控船)为直航船；追越除外。

第三节 追越

本节概要：本节从规则内容出发，介绍追越条款的适用范围、构成该条款的条件，本节着重介绍如何判断追越条款的适用，以及追越条款中两船的避让责任和避让方法。此外，本节还特别介绍渔船与机动船之间和渔船与渔船之间追越的避让责任。

一、规则内容

1. 不论第二章第一节和第二节的各条规定如何，任何船舶在追越任何他船时，均应给被追越船让路。

2. 一船正从他船正横后大于22.5°的某一方向赶上他船时，即该船对其所追越的船所处的位置，在夜间只能看见被追越船的艉灯而不能看见它的任一舷灯时，应认为是在追越中。

3. 当一船对其是否在追越他船有任何怀疑时，该船应假定是在追越，并应采取相应行动。

4. 随后两船间方位的任何改变，都不应把追越船作为本规则条款含义中所指的交叉相遇船，或者免除其让开被追越船的责任，直到最后驶过让清为止。

二、内容剖析

追越局面如图 4-2 所示。

图 4-2　追越局面

(一)互见中

(1)能见度良好时的互见;

(2)能见度不良时的互见。

(二)任何船舶追越任何他船

(1)同种类的船舶之间;

(2)不同种类的船舶之间;

(3)适用于宽敞水域、狭水道、分道通航制水域等可供海船航行的水域中。

(三)构成条件

(1)方位:后船位于前船正横后大于 22.5°的任一方向。

(2)距离:通常认为后船距离前船 3 n mile 时开始适用。

(3)速度:赶上他船,即后船速度大于前船速度。

(4)不以碰撞危险为前提。

(5)后船怀疑,假定追越成立。

(6)“一旦追越,永远追越”,直到驶过让清。

(四)方位判断

追越局面夜间和白天的方位判断如图 4-3 所示:

(1)夜间,对于方位的判断较容易,可看到他船的艉灯而看不到桅灯或舷灯时;

(2)白天,判断本船相对他船所处的方位(态势)是困难的。

(五)距离判断

(1)夜间,只要看到前艉灯,就可认为处于追越之中,不必考虑两船的实际距离,如果看不到(也看不到其他号灯)则不属于互见,追越条款也不适用。

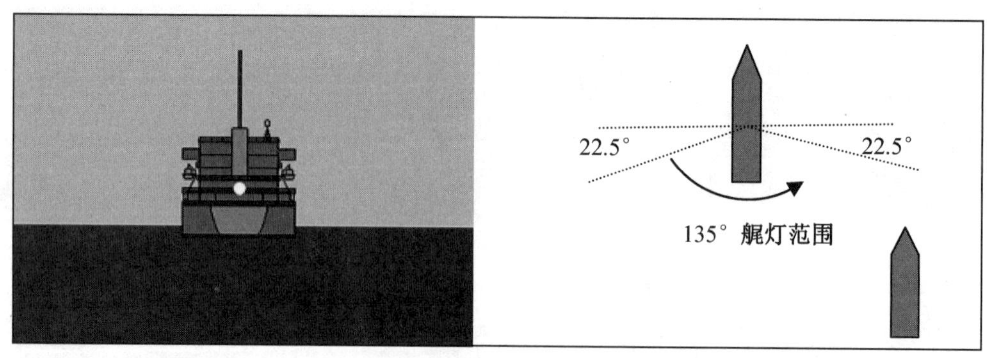

图 4-3 追越局面夜间和白天的方位判断

(2)白天,根据艉灯的最小能见距离,通常认为后船距离前船 3 n mile 时开始适用(满足其他条件时)。

(3)驶过让清:追越船已经离开被追越船足够的距离以致不再妨碍被追越船的航行,即使追越船采取不适当的突发行动,被追越船也有足够的时间来判断和应对。

(六)速度

后船速度大于前船速度:夜间,后船先看到前船艉灯,后来又看见前船绿舷灯和桅灯(由于后船赶上前船引起,而不是前船转向);白天看到他船的势态发生变化。

(七)碰撞危险

不以碰撞危险为前提,无论是否形成碰撞危险,均构成追越局面(符合条件时),追越条款都要生效,这是追越局面与对遇局面和交叉相遇局面所不同的地方。

(八)存疑的情况

(1)夜间赶上他船,有时看到艉灯有时看到舷灯;

(2)夜间赶上他船,同时看见他船舷灯和艉灯;

(3)白天较近距离赶上他船并位于他船正横后约 22. 5°方位,无法确定是"追越局面"还是"交叉相遇"局面;

(4)白天赶上他船并位于他船正横后大于 22. 5°的方位上,但是对于两船的距离是否构成追越存在疑惑;

(5)其他对是否构成追越有怀疑的情况;

(6)以上情况均应视为追越成立。

(九)追越中的避让行动

1. 追越船的行动

(1)遵守规定,牢记让路义务,"早、大、宽、清"地让清他船。在此过程中,两船间方位的任何变化,即使在其主机、舵机等发生故障而失控的情况下,也不免除其让路责任和义务;

(2)留有足够的横距以防船间效应以及意外等情况的发生;

(3)当与被追越船航向汇聚时,追越船应提前改变航向,先降低船速从被追越船的船尾驶过,如图 4-4 所示;

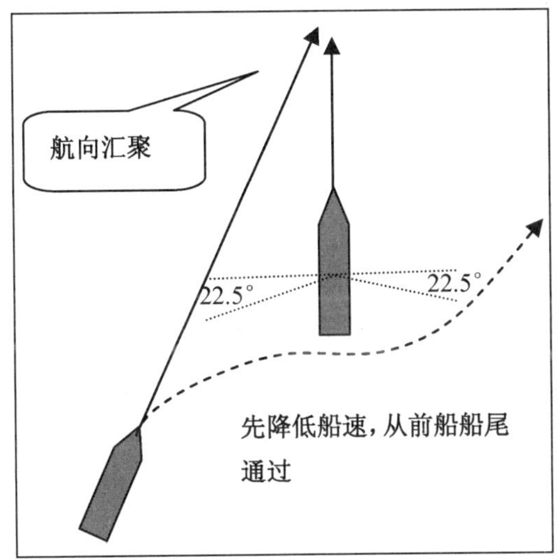

图 4-4　追越船与被追越船航向汇聚

(4)当追越船超越前船后，不应立即横越他船船首，而应当驶过让清后再进行横越；

(5)在狭水道或者航道追越时，应遵守狭水道条款规定，尽可能并行追越，避免航向交叉，如果需要被追越船采取行动方能安全追越时，应鸣放相应声号(从被追越船左舷追越，鸣放两长两短；从被追越船右舷追越，鸣放二长一短声号)。

2. 被追越船的行动

(1)检查号灯、号型，特别是艉灯，保证其正常显示；

(2)特别注意右后方来船，在必要时独自采取操纵行动；

(3)在到达预定转向点附近准备转向时，或者在避让第三船时，应充分考虑其行动与追越船避让行动冲突的可能性，如图 4-5 所示；

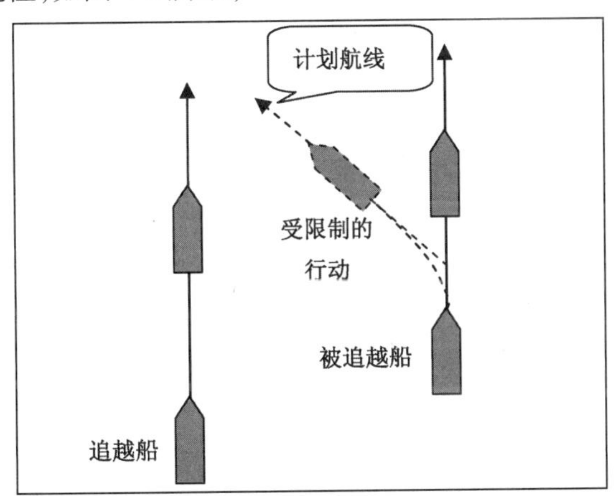

图 4-5　被追越船在预定转向点转向时应考虑的情况

(4)保持高度戒备，谨慎驾驶，随时做好操纵准备，以防追越船采取了不恰当的行动或者船间效应、岸壁效应和其他意外(如失控)带来的影响；

(5)在狭水道或者航道内，如果同意追越，则应鸣放相应声号(一长一短，一长一短)，并采取让出航道、降低船速等措施；如果不同意追越，则应鸣放怀疑或者警告声号(五声短而急的声号)。

此外,两船还应该通过 VHF 加强联系,考虑一切突发情况,如第三船接近等对局面造成的影响,同时确保双方采取操纵行动的协调性。

(十)与从事捕鱼的船舶的关系

(1)从事捕鱼船舶追越任何其他船舶,应给他船让路;

(2)任何其他船舶追越从事捕鱼的船舶,应给从事捕鱼的船舶让路。

(十一)从事捕鱼的船舶之间的追越

针对渔船来说,由于各类型渔船的拖速和网具的规格不同,各船的拖曳速度就有快慢,因此同样存在追越与被追越的关系,互见中,追越渔船应给被追越渔船让路,并不得抢占被追越渔船网档的前方而妨碍其作业,围网渔船不得抢围他船用鱼群指示标(灯)所指示的、并准备围捕的鱼群。

三、案例分析

(一)事件概述

×年×月×日,气象条件良好,"HQH"轮在济州岛西北方约 25 km 处,与渔船碰撞,致使渔船沉没,1 名渔民救起,8 名渔民失踪。

根据"HQH"轮值班驾驶员回忆,大约在当日 2250 时目视发现渔船,显示一盏白灯。用雷达观测距离约 3.2 n mile,右舷 20°左右,初步判断为同向船。2300 时定船位后,再次用雷达观测距离为 2.1 n mile,方位无明显变化,距离逐渐接近。当距离估计只有 0.4 n mile 左右时,值班驾驶员叫左舵 5°,以拉开距离。当舵工回舵令 5°左时,突然发现该渔船显示红灯。三副意识到该船在左转向插船头,随即令舵工左满舵、停车,并拉汽笛二短声。左满舵不久,渔船从视野中消失,稍后听到碰撞声。

(二)责任分析

(1)"HQH"轮没有遵守规定,"早、大、宽、清"地让清他船。当仅看到他船艉灯(白灯)而未看到舷灯或者桅灯时,即可认为本船属于追越之中的让路船,应及早采取避让行动。

(2)"HQH"轮追越时所留横距过小,在 2.1 n mile 时已经发现了方位没有明显变化,此时可判定存在碰撞危险,应留有足够横距而不是等距离达到 0.4 n mile 时才采取行动,同时没有考虑到渔船可能采取不协调的行动。

(3)渔船的责任在于,疏于瞭望,在他船追越本船时应考虑本船操纵行动与他船避让行动的协调性;同时渔船不应强抢大船船头。

第四节　对遇局面

本节概要:本节从规则内容出发,介绍对遇条款的适用范围、构成该条款的条件,着重介绍如何判断对遇条款的适用,对遇条款中两船的避让责任和避让方法,对遇局面的特点,诠释了什么是“危险对遇”。此外,本节还特别介绍渔船与机动船对遇时应采取的行动以及渔船与渔船之间的对遇行动。

一、规则内容

1. 当两艘机动船在相反的或接近相反的航向上相遇致有构成碰撞危险时,各应向右转向,从而各从他船的左舷驶过。

2. 当一船看见他船在正前方或接近正前方,并且,在夜间能看见他船的前后桅灯成一直线或接近一直线和(或)两盏舷灯;在白天能看到他船的上述相应形态时,则应认为存在这样的局面。

3. 当一船对是否存在这样的局面有任何怀疑时,该船应假定确实存在这种局面,并应采取相应行动。

二、内容剖析

对遇局面如图 4-6 所示。

图 4-6　对遇局面

(一)适用范围

(1)互见中。

(2)两艘机动船包括:

①限于吃水的船舶;

②拖带作业的船舶(不构成操纵能力受到限制的船舶);

③从事引航任务的船舶(机动);

④水上飞机(在水面);

⑤地效船(无论是否处于排水状态);

⑥气垫船;

⑦机帆并用的船舶使用机器推进时。

(3)两艘机动船不包括:

①失去控制的船舶;

②操纵能力受到限制的船舶;

③从事捕鱼的船舶。

(4)第十四、十五条和第十八条所适用的"机动船"不应包含一艘"普通机动船"与一艘"特殊机动船"会遇的情况,也不包括两艘"特殊机动船"会遇的情况,其所指的机动船是机动船中的"普通机动船",而非规则第三条定义的广义的机动船。

(二)构成条件

(1)互见中;

(2)两机动船相遇;

(3)航向相反或接近相反;

(4)构成碰撞危险;

(5)存在怀疑,应假定为对遇局面。

(三)航向相反或接近相反

(1)这里航向指的是船首向,与航迹向无关。

(2)夜间:一机动船在正前方或接近正前方看到另一机动船的两桅灯成一直线或接近一直线,和(或)两盏舷灯。白天:看到上述相应形态。对遇局面夜间和白天的态势判断如图4-7所示。

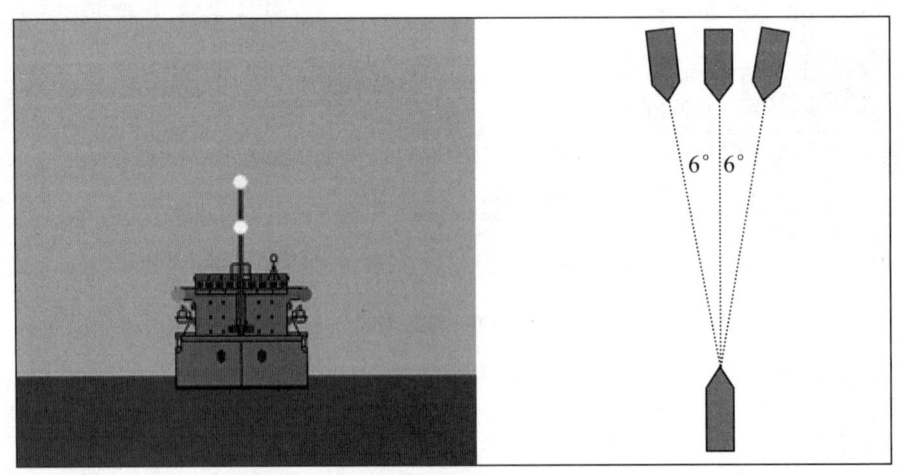

图4-7　对遇局面夜间和白天的态势判断

(3)航向相反或接近相反:一般认为一船处于另一船船首左右各半个罗经点,即6°左右时适用对遇局面。

(四)对遇局面的特点

(1)不存在让路船与直航船,因此不能说"两船互为让路船";

(2)两船避让责任完全相等;

(3)相对速度大,相持时间短,方位变化小(其他条件相同)。

(五)避让方式和效果

(1)各应向右转向,从而从他船的左舷驶过(夜间表现为红舷灯对红舷灯);

(2)行动应满足第八条(避免碰撞的行动)要求,并遵守第三十四条(操纵和警告信号)规定,鸣放一短声;

(3)构成对遇局面的两船原 DCPA 等于 0,按规则要求采取避让行动后,两船间会遇时间提前,会遇距离增大。

对遇局面的避让方式如图 4-8 所示。

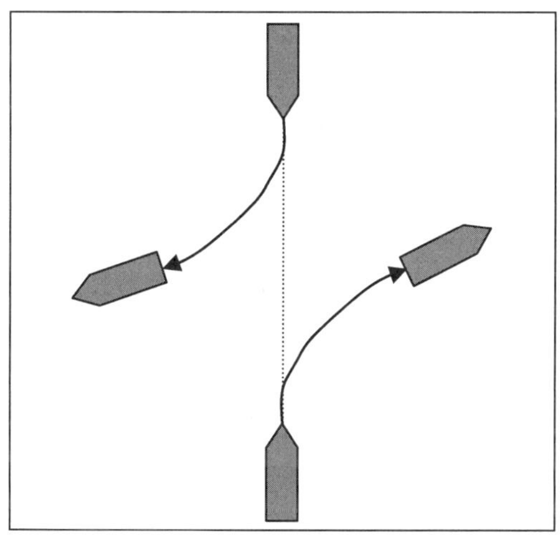

图 4-8　对遇局面的避让方式

(六)存在怀疑的情况

(1)在前方有时看到他船左舷灯而有时又看到右舷灯;

(2)在前方仅看到他船桅灯接近垂直而未看见他船的舷灯;

(3)在前方看见他船桅灯接近垂直而且仅看到他船的左或右舷灯;

(4)与他船形成右舷对右舷通过的局面,但横距不宽裕,因此对当时局面是"对驶"还是"对遇"有疑惑时(这种情况下称为危险对遇);

(5)机动船在海上航行,在正前方发现一盏白灯,无法判断是对遇局面还是追越局面(此时该白灯为被追越船艉灯)时,应假定与来船构成对遇局面(最危险局面)。

(七)危险对遇(对驶)

危险对遇是指两艘机动船各自位于他船的右前方且间距较小时的对遇局面,这种情况下两船很容易产生避让行动的不协调。如果认为存在碰撞危险:

(1)应在远距离上采取大幅度的行动,并应导致比原来更大的 DCPA(从左舷通过);

(2)采取向左小角度转向以图拉大横距的做法是危险的；

(3)如果在两船距离较近时采取右转行动且使 DCPA 减小而期望他船采取右转的行动同样是极其危险的。

危险对遇的转向方式如图 4-9 所示。

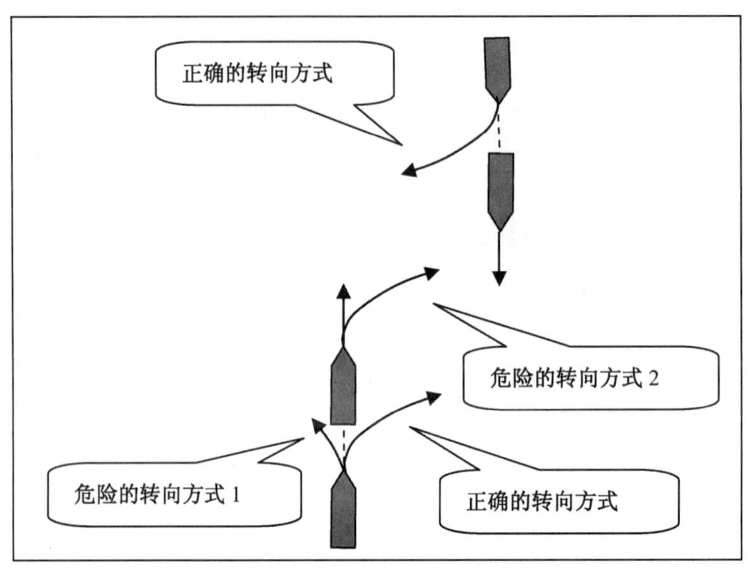

图 4-9　危险对遇的转向方式

(八)与从事捕鱼的船舶的关系

互见中,当本条所指的机动船与从事捕鱼的船舶在相反或接近相反的航向上相遇时构成“对遇”态势时,机动船应给从事捕鱼的船舶让路。

(九)从事捕鱼的船舶之间的对遇

多对渔船在相对拖网作业相遇时,如一方或双方两侧都有同向平行拖网中的渔船,转向避让确有困难,在这种情况下,双方各应缩小网档间距或采取其他有效的措施,谨慎地从对方网档外侧通过,或采取其他有效措施,直到双方的网具让清为止,如图 4-10 所示。

三、案例分析

(一)事件概述

在 A 轮与 B 轮的碰撞事故中,如图 4-11 所示,A 轮航向 216°,航速 14. 1 kn,B 轮航向 040°,航速 15. 7 kn,A 轮认为两船可以在 1 n mile 的最小会遇距离右舷对右舷通过,即构成对驶(事后认定如果两船保向保速可以于 0. 7 n mile 的最小会遇距离安全通过),而 B 轮认为两船构成交叉相遇局面,在碰撞前 10 min 两船相距 4 n mile 时向右转向 20°,航向 060°。A 轮没有及时发现该轮的转向,直到碰撞前 3 min 两船相距 1. 26 n mile 时,才认为有碰撞危险,由于其驾驶员从一开始就认为两船可以右舷对右舷驶过,因此在慌乱之中下令用左满舵,最后两船因避让行动不协调而发生碰撞。A 轮与 B 轮相撞示意图如图 4-11 所示。

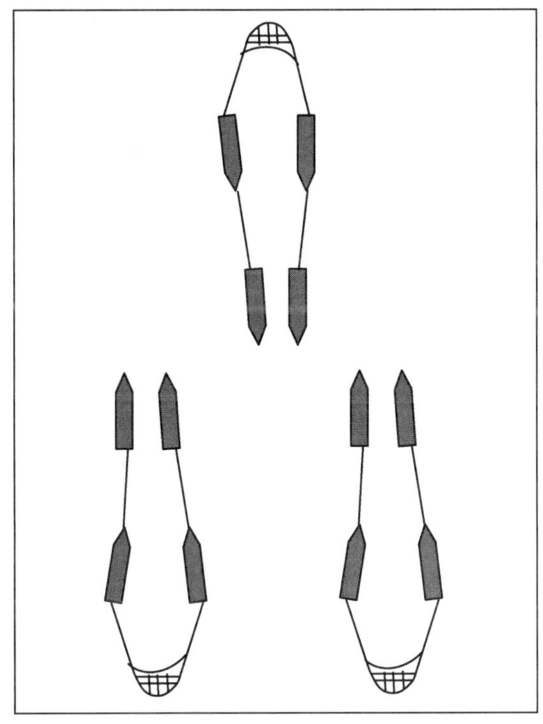

图 4-10　从事捕鱼的船舶之间的对遇

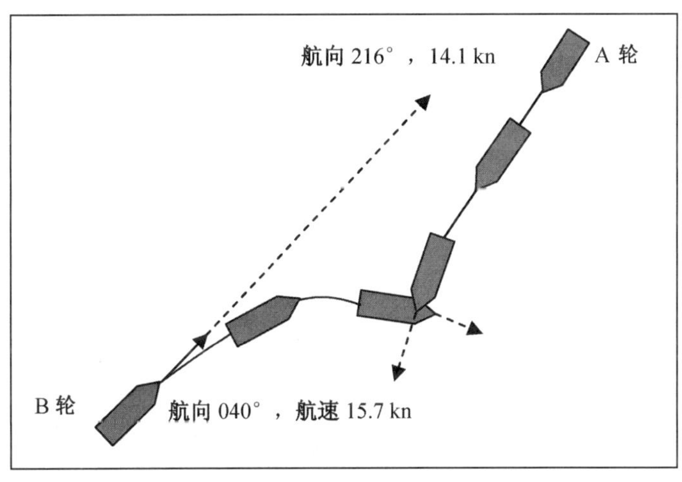

图 4-11　A 轮与 B 轮相撞示意图

(二)责任分析

(1)这是一起典型的“危险对遇”,由于两船没有进行有效沟通而导致避让行动不协调的碰撞事故,因此在采取避让行动时船舶应尽早通过 VHF 沟通,保证避让行动的协调。

(2)A 轮疏于瞭望,没有及早发现 B 轮的行动并进行有效沟通;B 轮没有及早地在远距离上采取避让行动。

第五节　交叉相遇局面

本节概要:本节介绍交叉相遇条款的适用范围、构成该条款的条件,着重介绍交叉相遇条款中两船的避让责任和避让方法,交叉相遇局面的避让特点。此外,本节还特别介绍渔船与机动船之间以及渔船与渔船之间“交叉相遇”态势应采取的行动。

一、规则内容

当两艘机动船交叉相遇致有构成碰撞危险时,有他船在本船右舷的船舶应给他船让路,如当时环境许可,还应避免横越他船的前方。

二、内容剖析

交叉相遇局面如图 4-12 所示。

图 4-12　交叉相遇局面

(一)适用范围

(1)互见中;

(2)两艘机动船的定义:同第十四条“对遇局面”条款中机动船的定义;

(3)互见中,一艘在狭水道(或通航分道)中行驶的机动船与另一穿越该狭水道(或通航分道)的机动船航向交叉相互驶近并致有构成碰撞危险,则适用交叉相遇局面条款;

(4)两机动船在港口的进出口,江河的交叉口、习惯转向点附近交叉相遇致有构成碰撞危险,交叉相遇局面条款适用;

(5)在狭水道或航道的弯曲地段,循相反航向行驶的两机动船形成航向暂时交叉时不适用;

(6)三艘或三艘以上机动船航向交叉的情况,交叉相遇局面条款不适用;

(7)适用于两船所驶的航向是持久的、稳定的,并能被他船所理解,例如,一机动船从锚地驶出,欲进入航道,其航向还没有稳定时,交叉相遇条款不适用;

(8)一机动船向后运动与另一机动船交叉相遇致有构成碰撞危险,交叉相遇局面条款不适用。

(二)构成条件

(1)互见中;

(2)两机动船相遇;

(3)航向交叉:指的是船首向交叉;

(4)构成碰撞危险。

(三)3 种会遇局面(追越、对遇、交叉)的相互关系

(1)大角度交叉态势易与追越局面相混;

(2)后船对是否追越前船有怀疑时应假定在追越;

(3)小角度交叉态势易与对遇局面相混;

(4)对对遇局面存在怀疑时,应假定是对遇。

(四)避让责任

(1)有他船在本船右舷的船舶应给他船让路,避让右舷的船舶而不避让左舷的船舶;

(2)夜间避让显示红舷灯的船舶而不避让显示绿舷灯的船舶。

(五)避让方式

(1)让路船:如果当时环境许可,避免横越他船前方:

①当会遇态势为大角度交叉相遇时,如果两船相距较近,不宜向右转向,而应采取减速或者向左旋回方式避免碰撞,如图 4-13 所示。

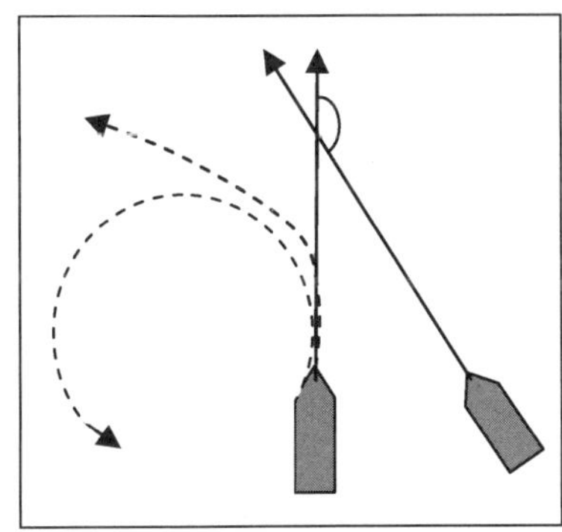

图 4-13　避让大角度交叉船

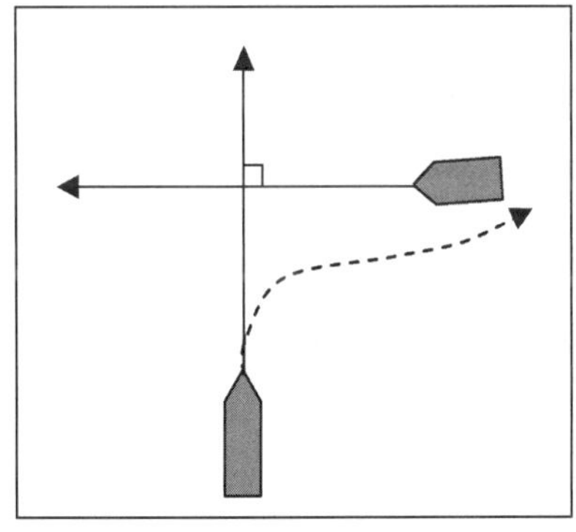

图 4-14　避让垂直交叉船

②当会遇态势为近直角交叉相遇时,可采取减速或者向右转向避免横越直航船前方,如图 4-14 所示。

③当会遇态势为小角度交叉相遇时,可以向右转向从他船船尾驶过,如图 4-15 所示。

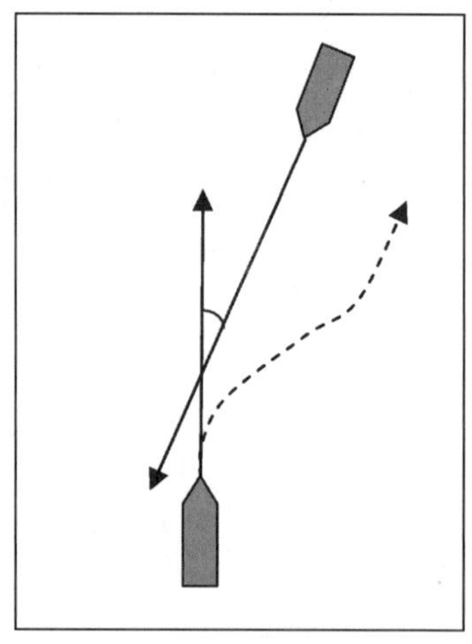

图 4-15 避让小角度交叉船

(2)直航船:

①保向保速,同时加强两船间联系,密切观察让路船是否采取了合适的避让行动;

②特别注意右后方大角度交叉来船,做好操纵准备,必要时独自采取操纵行动避免碰撞。

(六)与从事捕鱼的船舶的关系

互见中,当本条所指的机动船与从事捕鱼的船舶构成“交叉相遇”态势时,机动船应给从事捕鱼的船舶让路。

(七)从事捕鱼的船舶之间的交叉相遇

在渔船密集的渔场上,拖网渔船交叉拖网相遇的机会是很多的,如果只考虑让船,而不注意让清网具,势必拖损渔具,这种事故的实例是很多的。在渔船交叉相遇中,原则上应给本船右舷的另一船让路,但是考虑到渔船作业的复杂性,如按规则的规定避让有困难时,可按下列方法避让:

(1)当交叉相遇的一方船只较多,而另一方只有一艘或一对渔船时,则这对或这艘拖网渔船应避让船只较多的一方。避让时可采取转向或停车行动,同时,船只较多的一方亦应加速通过该拖网渔船网档前方海区,以尽量减少对方的等待时间。

(2)当围网渔船在起网中交叉相遇时,应预先用声号或高频无线电话联系,取得避让行动协调一致。依靠带围船(是指围网渔船在起网过程中,在起网船的另一舷拖带起网船的船舶)向右拖开,或各自缩短拖缆,也可以一个网组的网船停车等待,而另一网组的网船停止收绞网衣,而带围船加快拖速,迅速将网船拖开等各种措施,防止碰撞。

三、案例分析

(一)事件概述

×年×月×日 1650 时,货船 A 轮从海门港台州电厂码头卸货后,按计划航线空放到宁波北仑港装煤炭,开启雷达协助瞭望。1847 时,用雷达测得头门岛东南咀灯桩方位发现左舷距离约 1.5 n mile 处,有一显示绿灯和桅灯的在航渔船 B 轮以常速约 11.5 kn 航行。1857 时,A 轮发现 B 轮在左舷接近船首的左前方横距 0.15 n mile 时,用一长声汽笛警告,并采取减速(前进一)、改向航向的避让措施。1859 时,A 轮发现 B 轮在自己船的左前方、距船首 30 m 左右并有碰撞危险,立即采取了右舵 10°避让,紧接着右舵 20°并同时拉汽笛一短声。当 A 轮开始右转时,B 轮突然大幅度向右改向欲横越 A 轮船首,A 轮紧急停车。约 1900 时,A 轮船首以接近直角的角度碰上 B 轮尾部驾驶台附近,而后发现 B 轮翻沉于右舷,船底朝上飘移而过。碰撞造成 B 轮上 8 名渔民全部落水,7 人死亡,1 人失踪。

(二)责任分析

(1)A 轮疏于瞭望,没有对局面和碰撞危险做出充分的估计。作为直航船,在发现让路船显然没有按照规则采取避让行动时,没有运用良好船艺主动防止碰撞危险。

(2)A 轮违反声响和灯光信号条款中“操纵和警告信号”:当互见中船舶正在互相驶近,并且不论何种原因,任何一船无法了解他船的意图或行动,或者怀疑他船是否正在采取足够的行动以避免碰撞时,存在怀疑的船应立即用号笛鸣放至少五声短而急的声号以表示这种怀疑。

(3)B 轮让路责任不清。B 轮虽为渔船,但是并不属于规则所定义的“正在从事捕鱼作业,且所使用的渔具使其操纵能力受到限制”正在从事捕鱼作业船舶,在这种情况下 B 轮应归属于一艘普通机动船,在案例所描述的交叉相遇局面下为让路船,应及早采取大幅度的行动,宽裕地让清他船。

(4)B 轮违反交叉相遇条款中“如果当时环境许可,还应避免横越他船前方”,不应强抢 A 轮船头,而应该右转和(或)减速从他船船尾驶过。

第六节　让路船和直航船的行动

本节概要:本节从规则内容出发,介绍让路船和直航船条款的适用船舶,着重介绍让路船和直航船在不同阶段应采取的行动,以及让路船和直航船均负有查看行动有效性的责任。

一、规则内容

(一)让路船的行动

须给他船让路的船舶,应尽可能及早地采取大幅度的行动,宽裕地让清他船。

(二)直航船的行动

1.(1)两船中的一船应给另一船让路时,另一船应保持航向和航速。

(2)然而,当保持航向和航速的船一经发觉规定的让路船显然没有遵照本规则条款采取适当行动时,该船即可独自采取操纵行动,以避免碰撞。

2. 当规定保持航向和航速的船,发觉本船不论由于何种原因逼近到单凭让路船的行动不能避免碰撞时,也应采取最有助于避碰的行动。

3. 在交叉相遇的局面下，机动船按照本条 1 款(2)项采取行动以避免与另一艘机动船碰撞时，如当时环境许可，不应对在本船左舷的船采取向左转向。

4. 本条并不解除让路船的让路义务。

二、内容剖析

(一)让路船与直航船的含义

规则第十二、十三、十五、十八条中规定了让路船，其相关含义如下：

(1)让路船：应给他船让路的船舶。

(2)直航船：一船应给他船让路，另一船("被让路船")则为直航船。

(3)直航船与让路船必须同时存在。

(4)直航船与让路船只存在于互见中。

(二)让路船的行动

(1)规则第十六条规定，让路船应采取的行动可用早(采取避让行动时机早)、大(避让行动幅度大)、宽(避让行动导致的安全距离宽)、清(驶过让清)四字概括。

(2)除遵守第十六条外，还应遵守第八条(避免碰撞的行动)、第九条、第十条等有关条款的规定(如交叉相遇局面中避免横越他船前方的规定)。

(3)在航向交叉的船舶会遇(包括机动船的交叉相遇局面)过程中，如果情况允许，采取转向通过他船船尾、让他船先通过通常是让路船最好的避让方式；但在距离较近时，让路船如果向直航船转向欲从其船尾通过则可能是危险的，因为直航船可能在此时采取不协调的避让行动。

(4)让路船采取减速行动或把船停住让直航船先通过通常也是一种较好的避让方式，同时也是一种礼貌或良好船艺的表现。

(5)若直航船正在从事某种作业(包括捕鱼以及限制其操纵能力的作业)，让路船则应根据当时的具体情况选择适当的避让方式。

(三)直航船的行动

(1)直航船首要义务是保向保速，除此之外，还应遵守第八至十条等相关规定。

(2)直航船义务不限于"保速保向"，应查核让路船避让行动的有效性。

①"保向保速"含义：保持原来的航向和航速，避免采取不协调的避碰行动。

②适用时机：碰撞危险(追越局面除外)形成初期。

(3)如果让路船已按规则要求采取行动，直航船履行保向保速的义务不被解除。

(4)通常情况下，直航船采取远离让路船并使两船接近速度减慢的措施是可取的：

①对大角度交叉的来船以及追越船采取背着它转向，如图 4-16 所示；

②对于小角度交叉相遇的船舶，采取向右转向从他船左舷通过也是可取的措施，如图 4-17 所示。

(5)尽管有保向保速的义务，直航船并不一定非得保持同一罗经航向或同一主机转速，某些情况下，直航船所做的航速或航向的改变是当时航海操纵所需要的，且能被让路船所理解时，认为是“正当的”，如：

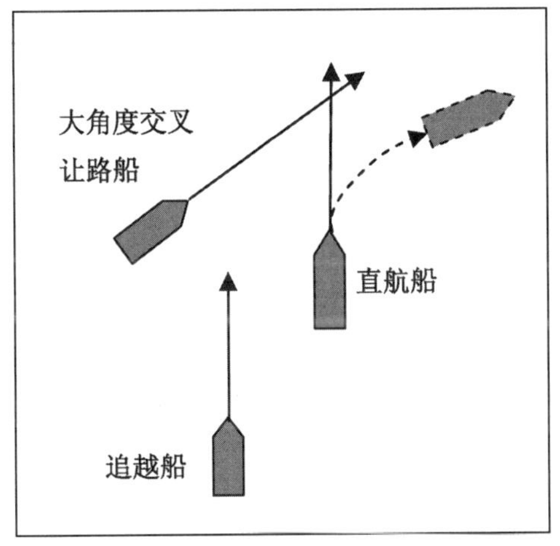

图 4-16　避让追越船或大角度交叉相遇船

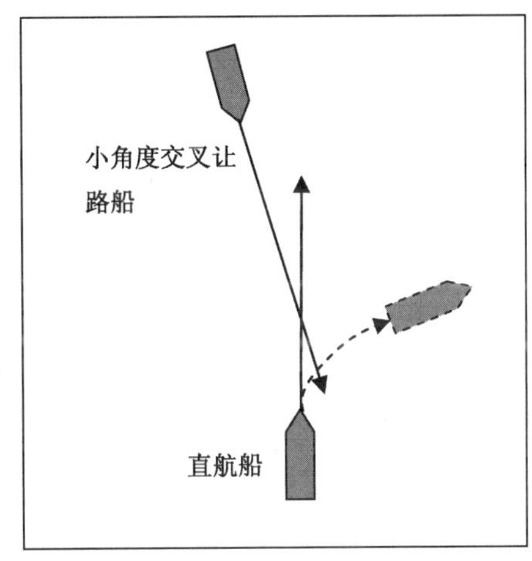

图 4-17　避让小角度交叉相遇船

①直航船在到达转向点附近改向，且与让路船的避让行动相互协调；

②沿弯曲水道的转向；

③驶往锚地的过程中准备抛锚而采取减速措施；

④到达港口前为了安全进港而减速；

⑤接送引航员所做的航向航速的调整；

⑥由于风浪变大，为防止主机超负荷运转而采取适当降低转速的措施；

⑦被追越船为留出水域和缩短两船的并航时间所做出的改向和减速；

⑧执行引航任务的船舶由于工作需要而作的航速和航向的改变；

⑨因风流条件的变化和调整风流压差的需要而作的改向等；

⑩但直航船对航向航速所做的调整和改变应尽量不与让路船应采取的避让行动相抵触。

（四）可独自采取操纵行动

“当让路船显然没有遵照本规则条款采取适当行动时，直航船可独自采取操纵行动”，这里的操纵行动并不是规则强制性要求而是建议性的，让路船的让路义务不解除。

独自行动的时机有三种描述：

（1）让路船显然没有遵照本规则条款采取适当行动时，如让路船行动违反规则，没有做到“早、大、宽、清”或者没有采取行动导致紧迫局面的形成等；

（2）单凭让路船的行动已经不能在安全距离驶过时（根据第八条 4 款规定推出，即让路船应采取行动应能导致在安全距离驶过）；

（3）紧迫局面已经或正在形成：一般认为，在海上形成紧迫局面的两船距离为 2～3 n mile。

独自行动应注意的问题：

（1）不应与让路船的行动冲突；

（2）交叉相遇时，如果当时环境许可，不应对在本船左舷的船舶采取向左转向；

（3）所采取的行动应是大幅度的（转向应至少 30°以上，减速时可先停车再微速前进），足以使对方从雷达上或者视觉上有效识别；

(4)行动前应鸣放至少五短声和(或)显示至少五次短而急的闪光信号。

(五)应采取最有助于避碰的行动

最有助于避碰的行动指的是能够避免碰撞,或者在碰撞不可避免时能够尽量减小碰撞损失的行动,包括转向、停车、倒车、停船等措施,如果当时环境许可,应遵守规则采取行动,否则直航船可以背离规则,运用良好船艺进行操纵。最有助于避碰行动的时机为:

(1)当两船不论由于何种原因逼近到单凭让路船的行动已经不能避免碰撞时;

(2)紧迫危险已经或正在形成(根据紧迫危险的含义推出,单凭让路船的行动已经不能避免碰撞可理解为存在紧迫危险);通常认为,以万吨级船舶在开阔洋面上的交叉相遇局面为例,直航船应采取最有助于碰撞的时机为两船相距 1 n mile 时。

三、案例分析

(一)事件概述

×年×月×日 0045 时,天气晴朗,货船 A 轮航向 270°,航速 14 kn,发现船首前方多艘渔船比较近(包括 B 轮、C 轮、D 轮以及其他几艘渔船,3~4 n mile 不等分布在船首方向,B 轮、C 轮在右舷 15°,距离 3 n mile,D 轮在右舷 5°,距离 2 n mile)。船长令:航向 294°,主机港速航行。航速降至 11.4 kn,此时 B 轮和 C 轮正在拉网对拖捕捞作业(两渔船近距离,约 0.1 n mile,平行由北向南拖网航行),航向 180°,航速 3.5 kn,两渔船都显示甲板灯和航行灯,B 轮船长发现左前方 3 n mile,50°方向,有一艘大船自东向西航行,随即告知 C 轮"从东向西,有大船过来",但 C 轮未采取任何措施,继续保向、保速航行。

0048 时,A 轮航向改为 300°,航速 11.1 kn。发现右舷 5°~10°有三艘渔船驶近,最近一艘 D 轮距离该轮约 1 n mile,另两艘(后调查证实为 B 轮及其对拖船 C 轮)相互靠近,距该轮约 2 n mile,且两渔船显示"很亮的灯光"。0052 时,A 轮航速 10.6 kn,左转向至 290°,D 轮从 0.1 n mile 右舷通过。此时 B 轮和 C 轮位于该轮船首右舷 10°左右,距离约 1 n mile。0054 时,A 轮航向 290°,航速 10.5 kn,距离 B 轮和 C 轮约 0.7 n mile,两渔船位于该轮船首右舷 10°。A 轮鸣放五短声警示。B 轮听见五短声汽笛声,发现与 A 轮相距约 0.15 n mile 时,随即向左转向,并从 A 轮右舷通过。0056 时 A 轮船长看见 B 已经从右舷通过。准备右转向从 B 轮和 C 轮中间通过。下令右舵 20。船头开始右转,但是发现 C 轮开始向左转向,A 轮船长又立即采取右满舵避让,随后其船首右侧与 C 轮船首右舷发生碰撞。

(二)责任分析

(1)A 轮没有使用一切有效手段保持正规瞭望,没有对其右舷的拖网作业渔船 B 轮和 C 轮进行系统观察,因此没有发现 B 轮和 C 轮正在进行的对拖作业,同时未根据当时的环境和情况对当时的局面和碰撞危险做出充分估计和正确判断。

(2)当 A 轮与其右舷的 B 轮和 C 轮相遇,根据第十八条"机动船在航时应给从事捕鱼的船舶让路"规定,A 轮为让路船,该轮没有按照规则"及早采取大幅度行动,宽裕地让清他船"。

(3)A 轮未使用安全航速。A 轮在渔船密集的渔区航行时仍保持高速度行驶,违反了"每一船在任何时候都应以安全航速行驶,以便能采取适当而有效的避碰行动,并能在适合当时环境和情况的距离内把船停住”。

(4)渔船B轮和C轮作为直航船,在观测到对方船显然没有遵守让路船行动的情况下,没有独自采取避让行动,继续保向保速航行,直到事故发生前才采取左转向的措施,违背了“当保持航向和航速的船一经发现规定的让路船显然没有遵照本规则条款采取适当行动时,该船即可独自采取操纵行动,以避免碰撞”。

(5)渔船B轮和C轮没有按照规则显示正确的号灯。从事拖网作业的在航对水移动渔船,应显示上绿下白垂直两盏环照灯和舷灯艉灯,从事对拖作业时应朝着前方并向本对拖网中另一船的方向照射探照灯。

第七节　船舶之间的责任

本节概要:船舶之间的责任指不同类型的船舶相遇时,根据其操纵能力、工作性质或其他特性,划定的两船之间的避让关系。本节从规则内容出发,介绍船舶之间的责任条款的适用范围,着重介绍船舶之间的责任与其他条款之间的优先顺序,各类船舶根据船舶之间的责任条款采取相应的行动。

一、概述

(1)避碰规则规定的(两)船舶之间的责任有:

①不应妨碍(第九、十条);

②让路(第十二、十三、十五、十八条);

③同等的避让责任(第十四、十九条)。

(2)第十八条规定的是不同操纵能力的船舶之间的责任

①基本原则是按避让操纵行为的能力划分船舶之间的责任;

②不考虑会遇局面(但追越除外)。

(3)规则条款优先顺序

由于规则各条款的适用条件不同,确定船舶责任的原则也不同,从优先考虑和优先适用的角度看,船舶之间避让责任的优先适用顺序如下:

①第十三条(追越);

②第九条2、3款,第十条9、10款,第十八条4款(不应妨碍);

③第十八条(船舶之间的责任);

④第十二条(帆船)、第十四条(对遇局面)、第十五条(交叉相遇局面)。

二、规则内容

除第九、十和十三条另有规定外:

1. 机动船在航时应给下述船舶让路:

(1)失去控制的船舶;

(2)操纵能力受到限制的船舶;

(3)从事捕鱼的船舶;

(4)帆船。

2. 帆船在航时应给下述船舶让路:

(1)失去控制的船舶;

(2)操纵能力受到限制的船舶;

(3)从事捕鱼的船舶。

3. 从事捕鱼的船舶在航时,应尽可能给下述船舶让路:

(1)失去控制的船舶;

(2)操纵能力受到限制的船舶。

4. (1)除失去控制的船舶或操纵能力受到限制的船舶外,任何船舶,如当时环境许可,应避免妨碍显示第二十八条信号的限于吃水的船舶的安全通行。

(2)限于吃水的船舶应全面考虑其特殊条件,特别谨慎地驾驶。

5. 在水面的水上飞机,通常应宽裕地让清所有船舶并避免妨碍其航行。然而在有碰撞危险的情况下,则应遵守本章条款的规定。

6. (1)地效船在贴近水面起飞、降落和飞行时应宽裕地让清所有其他船舶并避免妨碍它们的航行;

(2)在水面上操作的地效船应作为动力船舶(机动船)遵守本章各条款。

三、内容剖析

(一)让路责任

(1)不同操纵能力的优劣顺序:

机动船→帆船→从事捕鱼的船舶→失去控制的船舶与操纵能力受到限制的船舶。

(2)对于“操纵能力受到限制的船舶”与“失去控制的船舶”,规则规定的责任相同,但两者之间的责任关系,未做明确规定,这两类船舶同相同种类船舶会遇(追越除外)时的责任也未做明确规定(目前权威的认识)。

(二)限于吃水船

(1)限于吃水的船舶不应被妨碍;

(2)不应被妨碍“限于吃水的船舶”的船舶——除失去控制的船舶或操纵能力受到限制的船舶外的任何船舶;

(3)限于吃水的船舶的航法:应充分注意到其特殊条件,特别谨慎地驾驶。

(三)从事捕鱼的船舶

从事捕鱼的船舶主要责任和义务如下:

(1)在狭水道或航道以内时,不应妨碍任何其他在狭水道或航道以内航行的船舶通行;

(2)在分道通航制区域内时,不应妨碍按通航分道行驶的任何船舶的通行;

(3)在互见中,从事捕鱼的船舶追越任何他船时,应给他船让路;

(4)在互见中,与限于吃水的船舶相遇时,应避免妨碍限于吃水的船舶的安全通行;

(5)在互见中,与失控船或操纵能力受到限制的船舶(操限船)相遇时,应尽可能给后者让路,如图4-18所示;

(6)在互见中,与机动船、帆船、水面上的水上飞机、水面上的地效船相遇时(追越除外),从事捕鱼的船舶为直航船,他船为让路船。

但是在适用本条款时,从事捕鱼的船舶必须符合以下条件:

(1)符合规则第三条的定义,即:正在使用渔具进行捕鱼作业,而该渔具使其操纵能力受到限制;

(2)显示了相应的号灯、号型,特别是在作为直航船时。

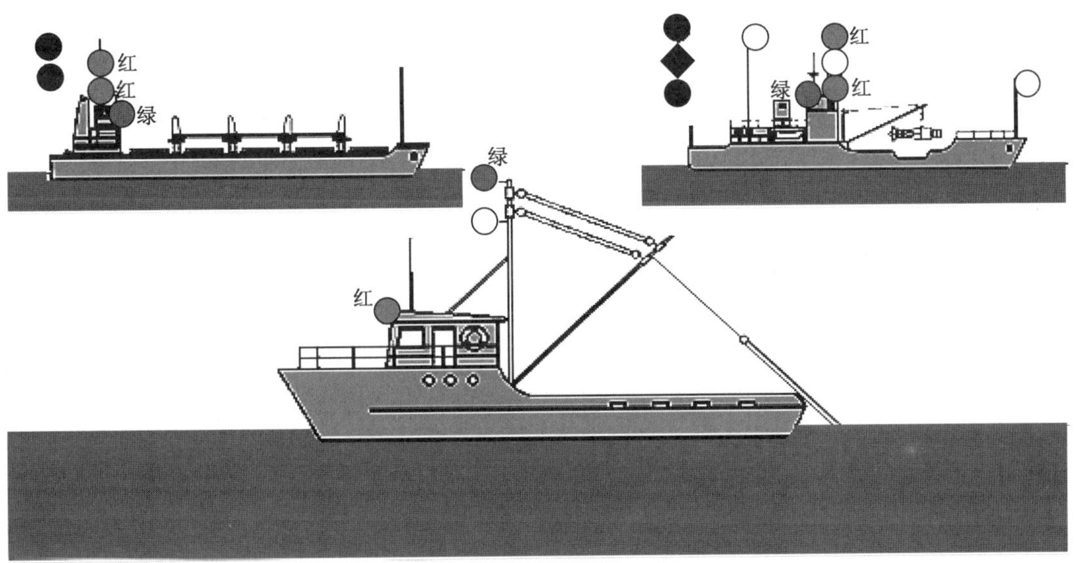

图4-18　从事捕鱼的船舶应尽可能给失控船、操限船让路

(四)在水面上的水上飞机

(1)通常应宽裕地让清所有船舶并避免妨碍其航行。

①这里的“让清”的含义并非指让路;

②水上飞机与其他种类船舶之间的责任首先是“不应妨碍”。

(2)存在碰撞危险时:在水面的水上飞机应遵守规则。

(五)地效船

(1)起飞、降落和贴近水面飞行时应宽裕地让清所有其他船舶,并不得妨碍其航行,在水面操作时作为普通机动船遵守本章条款;

(2)在有碰撞危险时,应遵守规则的相关规定。

(六)不得妨碍与不得被妨碍船舶的航法

1. 不得妨碍他船的船舶的航法

规则规定不得妨碍他船的船舶应根据当时环境的需要,及早采取行动以留出足够的水域供其他船舶安全通过,意味着:

(1)不得妨碍他船的船舶应采用不与他船构成碰撞危险的航法航行;

(2)不得妨碍他船的船舶应采用能导致在安全距离上驶过的航法航行;

(3)当与他船构成碰撞危险时,不得妨碍他船的船舶并不解除“不应妨碍”责任,且当采取行动时,应充分考虑到本章各条款可能要求的行动。

2. 不得被妨碍船舶的航法

当两船接近构成危险时,不得被妨碍的船舶,仍有完全遵守本章各条款规定的责任。

应注意的问题:

(1)无论何种原因的两船接近构成碰撞的危险时,两船都遵守本章各条款规定的责任;

(2)构成碰撞危险时,不能妨碍他船的船舶可能是让路船,也可能是直航船;不得被妨碍的船舶可能是让路船,也可能是直航船;

(3)“不得妨碍”和“让路”是两个不同的概念;

(4)“不得妨碍条款”适用于碰撞危险形成之前,也适用于碰撞危险形成之后。

四、案例分析

(一)事件概述

×年×月×日 22 时 00 分,商船 A 轮三副在雷达 12 n mile 量程上第一次观测到渔船回波信号,此时渔船 B 轮位于 A 轮右舷约 8 n mile 处,以航向约 050°航速约 5 kn 左右航行。三副未与渔船沟通,仍以航向 228°航速 12.3 kn 保向保速继续航行。当两船相距约 1 n mile 时,渔船看到商船明显没有采取避让行动,于是左转将航向转到新航向 020°左右。22 时 23 分,商船三副在视觉上看到了渔船在他左舷船首方向,并且发现渔船突然向左转向,于是三副立即用雷达观测,测得两船距离仅约 0.6 n mile,并命令 AB 改用手操舵(商船三副此时还注意到他船船首右舷方向有另一渔船 C 轮,但没有判断到此两艘渔船正在从事双船联合拖网作业)。在 22 时 24 分 39 秒时,商船三副命令 AB 右满舵转到航向 238°。但发现渔船用闪光灯表明两艘渔船间拖网的存在,而此时渔船 C 轮位于商船船首右舷。于是,在 22 时 25 分 35 秒时,三副“立即惊慌地下令左满舵,此时商船与渔船相距仅约 0.2 n mile”。在 22 时 27 分 02 秒时,三副再次下令左满舵。大约在 22 时 27 分至 22 时 28 分间,商船右舷船首船体(包括右舷锚)与渔船的上层建筑相撞,并且商船球鼻艏与渔船船底碰撞。

(二)责任分析

(1)A 轮瞭望疏忽、未使用安全航速。尽管 A 轮在航行中开启了雷达,但未积极有效地利用视觉、听觉、VHF 等一切手段保持连续正规瞭望,以至未能正确判断渔船的动态。

(2)当发现 B 轮位于船首方向时,A 轮即使无法确定对方为从事捕鱼的船舶,也应认为两船构成对遇局面,从而采取相应行动。而事故中 A 轮未按规则要求采取积极、及早的措施进行宽让。

（3）渔船未按规则规定显示相应的号灯，在距离较近时才用闪光表明拖网的存在，这给商船在识别其船舶类型和所进行的作业方面带来了困难。

（4）渔船未开启 AIS。从对岸基 AIS 监控设备的调查发现，渔船在进行海上双船联合拖网捕鱼作业中，以及在整个碰撞事故发生前后的过程中，其 AIS 设备始终未处于正常工作状态。

（5）渔船瞭望疏忽。鉴于渔船拖网作业的特殊性，未及早地通过 VHF 与商船沟通避让，当发现规定的商船显然没有遵照本规则条款采取适当行动时，在独自采取操纵行动时没有鸣放“操纵和警告”声号，这造成了商船在避让意图判断上的错误。

本章思考题

1. 试述追越局面、对遇局面和交叉相遇局面构成的条件。

2. 如何判断两船是否构成对遇局面？

3. 在交叉相遇局面中让路船和直航船各应如何行动？

4. 正在从事捕鱼作业的船舶与一艘普通机动船在构成追越、对遇以及交叉相遇态势时分别应该怎么处理？

5. 直航船“可以”和“应该”采取行动的时机是如何规定的？

6. 在航时，机动船、帆船、从事捕鱼的船舶的避让责任是如何规定的？

7. 从事捕鱼的船舶之间构成追越、对遇以及交叉相遇态势如何处理？

第五章　能见度不良行动规则

本章概要：船舶航行在能见度不良的水域及其附近时，不易及早发现来船和正确地识别来船，即便使用现代化的航海仪器，其信息的可靠性也有一定的限度，无法达到视觉瞭望的直观、形象，因此在能见度不良时获得的信息会大量减少，从而导致在能见度不良情况时船舶碰撞事故高发，值班驾驶员应当保持高度警戒，谨慎驾驶。本章主要介绍规则第十九条船舶在能见度不良时的行动规则，包括船舶在能见度不良时的行动规则、避让责任与戒备以及船舶的避碰行动。

一、规则内容

1. 本条适用于在能见度不良的水域中或在其附近航行时不在互见中的船舶。

2. 每一船应以适合当时能见度不良的环境和情况的安全航速行驶，机动船应将机器做好随时操纵的准备。

3. 在遵守本章第一节各条时，每一船应充分考虑当时能见度不良的环境和情况。

4. 一船仅凭雷达测到他船时，应判定是否正在形成紧迫局面和（或）存在碰撞危险。若是如此，应及早地采取避让行动，如果这种行动包括转向，则应尽可能避免如下各点：

（1）除对被追越船外，对正横前的船舶采取向左转向；

（2）对正横或正横后的船舶采取朝着它转向。

5. 除已断定不存在碰撞危险外，每一船当听到他船的雾号显示在本船正横以前，或者与正横以前的他船不能避免紧迫局面时，应将航速减到能维持其航向的最小速度。必要时，应把船完全停住，而且，无论如何，应极其谨慎地驾驶，直到碰撞危险过去为止。

二、内容剖析

（一）适用范围

1. 适用的水域

（1）能见度不良的水域；

（2）能见度不良的水域附近。

2. 适用的能见度

（1）适用的能见度指因天气或类似的原因使能见度受到限制，而不是夜间或者有居间障碍物阻挡；

(2)未做定量规定,通常认为能见距离小于 5 n mile 时为能见度不良。

3. 适用的船舶

(1)航行中,可以理解为在航,也就是说锚泊、系岸和搁浅除外;

(2)任何船舶;

(3)在本条款中“应将机器作好随时操纵的准备”的规定所有机动船。

4. 适用的条件

不在互见中(4、5 条款已明确)。如图 5-1 所示,甲、乙船不适用本条款,丙、丁船适用。

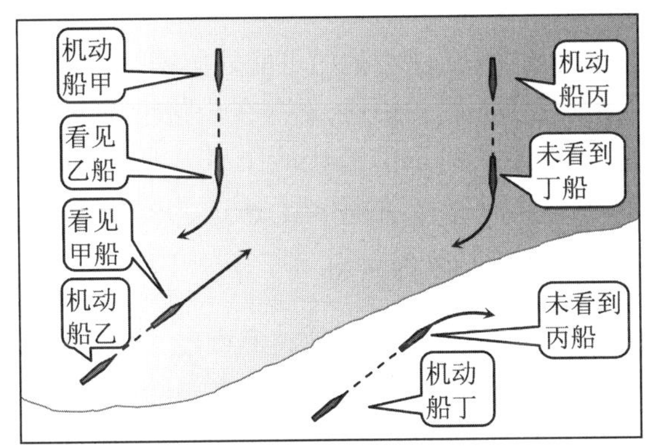

图 5-1　能见度不良水域航行的船舶:甲、乙船不适用本条款,丙、丁船适用

(二)应注意的问题

(1)适用于不在互见中的船舶;

(2)不应鸣放规定的操纵与警告信号;

(3)不适用互见中规则(第二节);

(4)雾中两船接近到互见时,一般应执行互见时的行动规则;

(5)在能见度不良时,船舶判断碰撞危险最有效的方法为雷达标绘。

(三)安全措施

(1)以安全航速行驶;

(2)按规则鸣放雾号;

(3)报告船长通知机舱备车;

(4)增加瞭头,必要时通知船长上驾驶台亲自指挥;

(5)开启航行灯并确保其正常显示;

(6)启动雷达使之处于正常工作状态,并保持 VHF 16 频道的持续守听。

(四)安全航速和安全距离

(1)安全航速并不是指慢速,应充分考虑当时能见度不良环境和情况以及船舶条件和驾驶员技艺经验等情况,保证船舶具有适当的操纵能力,但渔船雾中高速航行是渔船事故发生的重要原因;

(2)能见度不良时船舶间安全距离应大于能见度良好时的安全距离。

(五)航行的戒备

(1)在执行规则第二章第一节各条(五、六、七、八、九、十)款时,应充分注意能见度不良的问题。

(2)在能见度不良的水域中航行,一船仅凭雷达测得他船时,应判定是否正在形成紧迫局面和(或)存在碰撞危险,这也是及早采取避让行动的先决条件,应避免盲目行动。

(3)在能见度不良的水域中航行,雾号可作为判断碰撞危险的观测资料,但他船的雾号的方位有明显的变化不能作为判断不存在碰撞危险的依据,应该进行雷达标绘或与其相当的系统观察。

(4)雾航中,听到一长二短雾号,应注意他船可能处于锚泊中。

(5)能见度不良时不在互见中的船舶相遇,不存在让路船与直航船。

(6)能见度不良时应充分注意所采取的避让动作不可能立即被对方所了解,要求船舶要在更早的距离上采取更大的幅度并在更远的距离上通过。

(六)仅凭雷达测到他船时的避碰行动

当船舶仅凭雷达测到他船时的避碰行动包括转向避碰、变速避碰以及转向和变速结合。

(1)避让正横前来船:除被追越船外,无论来船在本船的右正横以前还是左正横以前,或者在正前方,本船均应向右转向。但在采取转向变速结合的措施时,对于右正横来船,应右转和减速,如图 5-2 所示;对于左正横来船,应右转和增速,如图 5-3 所示。

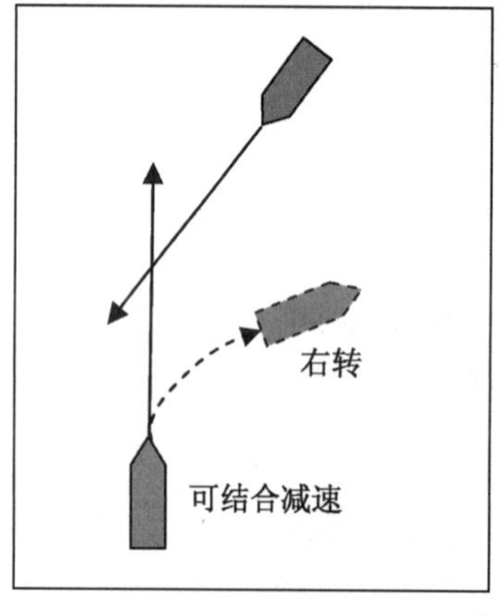

图 5-2　避让右正横前来船

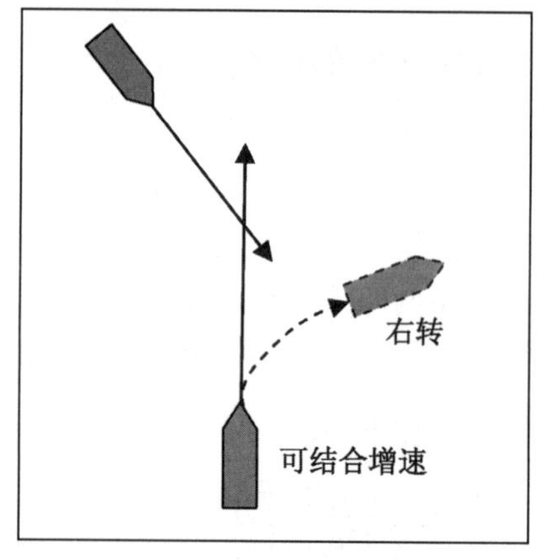

图 5-3　避让左正横前来船

(2)避让正横后来船:对于避让左正横后来船时,本船应以右转为主,并可结合增速,如图 5-4 所示;对于右正横后来船,本船宜采取左转结合增速措施,如图 5-5 所示。

(七)听到他船雾号显示在正横以前的行动

(1)不采取行动:已经确认不存在碰撞危险,这意味着该船正在驶离或者能够保证在安全的距离上通过。

(2)将航速减到能维持其航向的最小速度:听到他船雾号显示在正横以前,对其船位不能确定时,或者与之不能避免紧迫局面时(一般雾号可听距离为 2 n mile,听到时两船已经不能避免紧迫局面)。

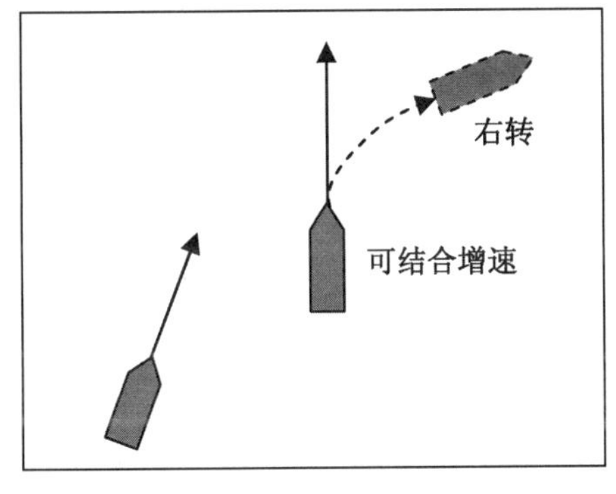

图 5-4　避让左正横后来船

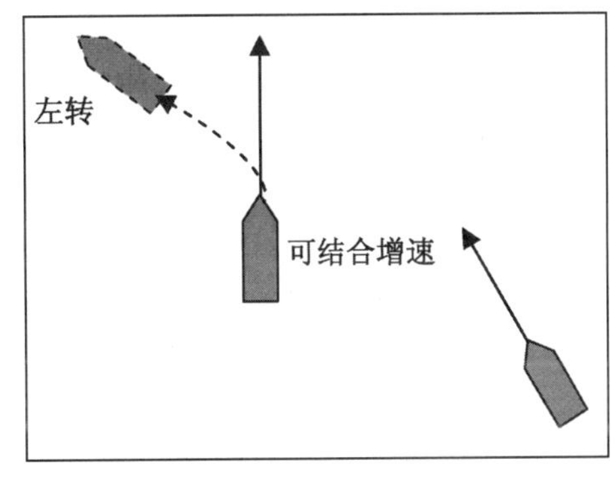

图 5-5　避让右正横后来船

(3)把船完全停住:对于不备有雷达的船舶的时机,听到他船雾号显示在前方、看到他船轮廓但不明其动态、听到本船正前方附近有锚泊船的雾号等情况时;对于备有雷达的船舶的时机为,发现疑似正横前船舶的雷达回波消失在雨雪或海浪的干扰杂波时、有高速行驶船舶驶来时,但不明其从本船哪一舷驶过以及他船正在采取与本船不协调的行动,紧迫局面即将形成等情况。

(4)谨慎驾驶,包括加强瞭望、戒备、遵守规则行动以及运用良好船艺进行操纵,不能盲目转向或变速。

三、案例分析

(一)事件概述

1. 天气情况

事发时事故水域阴天有浓雾,能见距离 200 m 左右。风向为东北风;风力为 4~5 级;流向为南;流速约 1 kn;中浪。

2. 事件经过

(1)散货船 A 轮

×年×月×日 0130 左右,该轮航向 175°,航速 13. 8 kn。二副将手操舵转为自动舵。0334 时,二副下令"右舵 20",约 1 s 后该轮与 C 轮发生碰撞。碰撞发生时,该轮值班水手感到船体异常震动并询问二副,二副认为是正常转向造成,并要求当班水手继续右舵直至右满舵。0643 时左右,该轮接到宁波海事局通知,要求其驶往宁波港接受调查。

(2)渔船 B、C 轮

同日 B 轮、C 轮从山东石岛开航,先后在黄海、东海海区捕鱼作业。C 轮驾驶台配备 1 台卫导设备、1 台 AIS、1 部北斗终端、3 部高频、1 台雷达。0334 时,A 轮与 C 轮发生碰撞并导致该 C 轮翻扣。B 轮从 A 轮右舷近距离驶过,B 轮船长看到 A 轮和其艉部浪花从本轮右侧过去。随后 B 轮船长发现 C 轮灯光消失,叫醒大副解掉艉部钢缆,返回开始搜救,并向周围渔船求助,同时在 VHF 上呼叫 A 轮,播发 A 轮碰撞 C 轮的信息。

(二)责任分析

(1)A 轮未保持正规瞭望,未能对当时局面和碰撞危险做出充分估计。

(2)A 轮未使用安全航速行驶。事发时事发水域能见距离 200 m 左右,该轮在碰撞前一直以海上速度航行,临近碰撞时的航速在 13 kn 左右。

(3)A 轮未及早采取有效的避让行动。在事发两船距离接近至约 0.5 n mile,当班二副未采取减速、停车甚至倒车的措施以便将航速减至维持其航向的最小速度。

(4)A 轮未采取有效的雾航措施。该轮在能见度不良情况下航行,当班二副未及时通知船长,未采取鸣放雾号、备车等雾航安全措施,在雾中航行未尽到应有的谨慎驾驶。

(5)C 轮瞭望疏忽,未能对双方之间业已形成的局面和碰撞危险做出充分的估计。

(6)C 轮未及早采取有效的避让行动。从该轮的 GPS 航迹显示,0332 时之前该轮一直未采取避让行动,0332 时两船距离已缩减至约 0.7 n mile,紧迫局面已形成,此后该轮也未采取减速、停车甚至倒车的措施以便将航速减至维持其航向的最小速度。

(7)C 轮未采取有效的雾航措施。

本章思考题

1. 试述船舶在能见度不良水域或其附近航行时如何保持戒备。

2. 试述船舶在能见度不良时采取转向避让时应该注意哪些问题?

3. 在能见度不良的水域或其附近航行,仅凭雷达测到他船时应该如何行动? 听到他船雾号显示在正横以前应该如何行动?

4. 在能见度不良的水域或其附近航行时,船舶在哪些情况下应当将航速降至能维持其航向的最小速度? 在哪些情况下应当把船完全停住?

5. 从事捕鱼的船舶在能见度不良时应采取哪些安全措施?

第六章　责任

本章概要：规则第二条称为"责任"条款。其中第一款"疏忽"条款，规定了不能免除当事方各种疏忽所导致后果的责任；第二款指出背离规则的可能性以及必要时背离规则的条件。上述条约的规定，是对整个规则的全面概括和有效补充。

一、规则内容

1. 本规则条款并不免除任何船舶或其所有人、船长或船员由于遵守本规则条款的任何疏忽，或者按海员通常做法或当时特殊情况所要求的任何戒备上的疏忽而产生的各种后果的责任。

2. 在解释和遵行本规则条款时，应充分考虑一切航行和碰撞的危险以及包括当事船舶条件限制在内的任何特殊情况，这些危险和特殊情况可能需要背离本规则条款以避免紧迫危险。

二、内容剖析

(一) 不免除疏忽而产生的各种后果的责任

责任种类：

(1) 应遵守规则；

(2) 按海员通常做法要求的戒备；

(3) 当时特殊情况要求的戒备。

(二) 疏忽的含义

碰撞事故的发生原因绝大多数是"人为失误"，疏忽在碰撞法中解释为过失，可以理解为：

(1) 应当戒备而未戒备或戒备不足；

(2) 应当预见而未预见或预见不准；

(3) 应当判断而未判断或判断有误；

(4) 应当行动而未行动或行动不当；

(5) 不应当行动而盲目行动等。

(三) 疏忽适用的对象

疏忽的适用对象为：船舶所有人、船长、船员。

(1) 由于船长(或船员)在避让操纵中的过失，导致碰撞的发生，根据"责任"条款，有关方有权追究当事船舶或当事人及其船舶的所有人由于该碰撞而产生的各种后果的责任。

(2)在船舶不适航的情况下,责令限期出航,属于船舶所有人的疏忽。

(四)疏忽的种类

(1)遵守规则的疏忽;
(2)海员通常做法所要求的戒备的疏忽;
(3)当时特殊情况所要求的戒备的疏忽。

(五)对遵守本规则的任何疏忽表现

(1)未采取(或采取不当)规则明文要求的行动;
(2)采取了规则明文禁止的行动,包括应当背离规则的情况下不背离规则;
(3)遵守规则各条的疏忽举例:
①任何时候未使用安全航速;
②对号灯损坏未发现或未及时发现;
③在能见度不良情况下未开启号灯,没有鸣放相应的雾号;
④在雾中航行机动船未备车,以及仅保持雷达观测,而放弃视觉瞭望的做法;
⑤值班驾驶员忙于定位,在海图室停留时间太长,以致发现来船太晚而避让不及;
⑥未进行雷达标绘或与其相当的系统观测;
⑦把雷达放在 12 n mile 挡,而未发现近距离来船;
⑧采取避让行动时,对航向做了一连串的小变动的做法;
⑨企图追越的船在鸣放追越声号后,未听到被追越船的声号而强行追越;
⑩直航船未鸣放“五短声”怀疑警告声号,即独自采取操纵行动;
⑪直航船在发觉单凭让路船采取行动已不能避免碰撞时,仍保速保向消极等待的做法。

(六)对海员通常做法所要求的戒备的疏忽

“海员通常做法”是指海员日常运用其应有的知识、经验、技能和戒备以避免危险或紧迫局面的习惯做法,运用这些习惯做法,要求做到或应该预测到的情况,都应该做到或充分估计到。如果应该做到的没有去做或应该预见到的,没有及时采取预防措施,那就是对海员通常做法所要求的戒备的疏忽。海员通常做法一般包含以下内容:

(1)根据通航密度、水域特点、能见度、本船特点等,选派足够和合适的船员担任瞭望和操舵人员;

(2)船速应根据通航密度、能见度、本船和水域特点与及附近船舶的大小和作业情况等适当降低;

(3)在狭水道航行或在进出港时备车、备锚;

(4)在狭水道对顺水船和调头船,为了及早做到宽让,必要时采用停车或把本船停住并在航道右侧等候;

(5)复诵核对驾驶员下达的舵令;

(6)在通航密度大的水域、狭水道、进出港或风浪较大及时备车并采用手操舵;

(7)避让时及时采用手操舵;

(8)大船在浅狭水道航行,应及时减速,注意浅水效应和岸吸、船吸影响;

(9)与来船进行会让时应避免与对方同时发放声号;

(10)值班能坚守岗位,交接班时如正在避让来船、船位尚未确定,不进行交接班;

(11)选锚泊地的投锚位置注意到不妨碍其他船航行也不太接近其他锚泊船,特别是强风流中要注意远离他船并及时送出足够链长;

(12)在航船舶应避让锚泊、搁浅或系岸的船舶,特别是从此类船舶上风驶过时要注意风流的影响,预留足够的距离。

(七)当时特殊情况所要求的戒备的疏忽

特殊情况指规则中没有规定或完全遵守规则不足以避免碰撞以及出现紧迫危险的情况,并且不能用通常做法进行处理的情况。

(1)特殊情况往往需要采取规则中未曾规定的甚至背离规则的行动以确保安全;

(2)在特殊情况下,船舶应当保持高度戒备,并根据当时特殊情况的具体条件采取相应的行动,而不是盲目遵守规则或海员通常做法。

(3)如果不属于"遵守本规则的疏忽",也不属于"海员通常做法所要求的任何戒备上的疏忽",该疏忽可以认为是"特殊情况所要求的戒备的疏忽"。例如:

①驾驶员对另一船为避免紧迫危险而背离规则的行动缺乏思想准备;

②对突发的遇雾和暴风雨缺乏戒备;

③与其他两船同时构成碰撞危险这种情况缺乏戒备;

④对主机、舵机、操舵系统突然故障缺乏戒备。

三、背离

(一)背离条款

背离条款的中心内容是应充分考虑到某些危险和特殊情况下为避免紧迫危险可能需要背离规则某些条款的情况。应考虑情况有:

(1)航行的危险。例如,当狭水道右侧水域水深受到限制时,船舶仍然靠右行驶可能存在搁浅的危险,此时需要背离规则根据自身吃水情况在航道中心线上行驶。

(2)碰撞的危险。例如,对遇局面中的其中一船突然向左转向,另一船如果仍然按照规则右转就会构成紧迫的碰撞危险。

(3)其他特殊情况。例如,对遇局面中其中一船的右舷临近浅滩、暗礁等无法按规则进行右转、多船会遇局面等。

(二)背离的条件

(1)危险确实存在;

(2)危险必须是紧迫的;

(3)背离是必要的、合理的。

(三)应注意的问题

(1)遵守规则能够避免紧迫危险时,不应背离;

(2)"背离"是正当的和规则所期望,"背离规则"采取行动的目的是避免紧迫危险;

(3)紧迫危险可以理解为必须立即采取行动才能避免而不能再拖延等待的危险;

(4)会遇双方(或多方)协议“背离”的情况,严格地说,此时不应理解为规则所指的背离;

(5)他船背离或违背规则并不足以构成本船背离的条件;

(6)背离规则的行动应该是有效的、合理的,并应根据当时的具体情况确定,应符合良好船艺的要求;

(7)适用范围、号灯与号型、瞭望、安全航速、碰撞危险等条款通常不能或无法背离;

(8)在需要背离规则采取行动时,当事船舶仍采取规则某一条款所规定的行动,也可能构成疏忽或过失。

本章思考题

1. 简述疏忽的含义及其责任种类。
2. 列举几种对遵守规则条款的疏忽的表现。
3. 什么是“海员通常做法”?列举海员通常做法所要求戒备上的疏忽的几种表现。
4. 背离规则的目的和条件是什么?

第七章　渔船值班

本章概要：本章参照《渔业船舶航行值班准则（试行）》和《1995 年国际渔船船员培训、发证和值班标准公约》，分别从渔船航行值班、捕捞作业值班和锚泊值班三个方面介绍渔船值班的总体要求、值班守则以及驾驶台交接班的有关要求。

第一节　渔船安全值班

一、保持安全值班的重要性

（一）保证船舶航行安全和保护海洋环境

从以往海难事故统计数据来看，渔船发生重大事故的时间一般为晚上或者在能见度不良情况下，而事故的主要原因多数是驾驶员因疲劳或者疏忽没有保持驾驶台的安全值班等这类人为因素和人为过失所引起的，这就犹如汽车驾驶员闭着眼睛在公路上飞驰，危险性可想而知。因此在提高值班人员技术水平的同时，加强船舶的安全值班管理，提高值班人员的安全值班意识，严格按照值班要求进行操作，在渔船航行、作业以及锚泊时进行有效的值班，及早发现安全隐患并采取措施有效应对，这对渔船船员、船舶、海上交通安全以及海洋环境保护具有重要意义。

（二）保证船舶处于适航状态

船舶的适航是船舶进行安全航行和作业的基础，这就要求值班驾驶员需要确保各种航行设备和仪器处于正常的工作状态，因此值班驾驶员要保持高度警惕，及早发现船舶设备和仪器的不正常情况并及时进行处理，特别是在晚上和能见度不良情况时，要确保船上号灯、声号、雷达和 AIS 系统设备的正常开启与使用，只有这样才能够充分利用适合当时环境和情况的一切手段保持有效的驾驶台值班。

（三）值班驾驶员的法定职责

值班驾驶员的首要任务与法定职责就是保证整个航次的安全值班，在此期间不得从事任何影响安全值班的活动，特别是渔船值班驾驶员，有的船主为了利益缩减船上人员配备，导致一人多用，在值班的同时兼任其他影响船舶安全的职责，这将对船舶的安全带来重大隐患。

二、疲劳值班的影响及预防措施

渔船由于吨位较小，在海上受到风浪流的影响较大且船上生活工作空间狭小造成渔民睡眠不足，加上海上捕捞作业时不分昼夜体力消耗较大，对船员身体、精神方面的影响很大，容易焦虑、紧张、抑郁从而产生疲劳，因此，为了防止疲劳值班所带来的安全隐患，应采取以下预防措施：

(1)船长和大副应合理组织和安排值班人员的工作和休息，保证值班人员在值班时具有充足的体力和精力，避免值班人员在未得到足够的休息的情况下，继续值下一个班，造成连续疲劳；

(2)当值班与正常的工作规律由于某些原因被破坏时，船长应根据值班人员的疲劳程度进行观察和判断以确定是否影响安全值班；

(3)当船长发现负责值班的高级船员虽有疲劳的症状，但仍能够担任其职责，应安排配备精力充沛的其他人员配合其值班；

(4)当发现负责值班的高级船员因疲劳的影响难以保证安全值班时，船长应调整值班的安排，使之得到适当的休息，以利于下一个班次时能够胜任职责的要求；

(5)负责值班的高级船员如在航行值班时，由于工作强度过大，感到疲劳以至于难以保证安全值班的情况下，应立即通知船长；

(6)为保证安全值班，保证船舶的安全航行，船长必要时应亲自到驾驶台值班。

第二节　航行值班

一、航行值班要求

(一)对船长的要求

(1)渔船离港前，船长应主持研究本航次与航行有关的航海资料、制定安全可靠的航行计划。航行中应尽可能实施预定的航行计划。

(2)船长应当保证：

①驾驶台每班至少两人，所有值班人员必须由持有相应适任证书的职务船员担任；

②除航行值班人员外其他人员不得随意进入驾驶室；

③所有值班人员上岗前必须经过充分休息，不能因值班人员疲劳而影响航行安全；

④在航行期间值班人员不得饮酒；

⑤不得安排正在值班的值班人员从事与值班无关的事项。

(3)遇到恶劣天气，视距不良，船只密集或航近危险物对驾驶员可能有额外要求时，可适当增加值班人员。

(4)船长应保证船舶在停港或航行期间，机舱始终有轮机人员值班，严格服从驾驶台的指令。如果发现机舱有影响航行安全和可能污染海洋的问题时,轮机值班人员要立刻通知驾驶台。

(5)渔船出航前,船长应提前通知轮机长,轮机长接到指令后,应立即通知机舱和机电人员到位,并按照各自分工对机械设备、燃料、备件、工具等进行检查,出航前1 h,备好车并通知船长。

(二)对值班驾驶员的要求

(1)值班前不允许酗酒,值班中严禁进行娱乐或从事其他影响值班效果的工作。

(2)值班驾驶员、轮机员和无线电报(话)务员必须按要求,及时和如实记录航海日志、渔捞日志、轮机日志。航海日志、渔捞日志和轮机日志记载的内容必须与船舶实际动态相符。

(3)在任何时候,驾驶室内必须有人值班,并在整个值班时间内保持正规瞭望,不能在担任瞭望的同时兼作其他与瞭望有冲突的工作,例如长时间观察探鱼仪、阅读书报、资料文件等;在夜间航行时驾驶台和有碍值班人员瞭望的灯光要进行管制。

(4)值班期间应保持正规瞭望,包括下列内容:

①利用视觉、听觉和其他一切有效手段,持续地保持警惕状态,细心观察周围情况、海面漂浮物、周围环境、包括附近陆标和船舶动态等;

②密切观测周围船舶相对方位的变化和动态;

③正确辨别各种船舶灯光信号,核实浮标编号、灯标性质与岸灯等;

④观察天气变化、风情、波浪,特别是能见度的变化等;

⑤及时观察雷达,正确利用雷达进行导航、避让;

⑥正确使用海图,了解周围海面是否有危及航行安全的危险存在。

(5)在值班期间,应充分使用一切可用的助航仪器、陆标和各种定位方法确定船位;值班驾驶员必须熟悉使用各种渔捞、航行安全设备,包括救生、消防设备、探鱼仪、各种无线电导航仪器、号灯、号型及声号器具,并进行检查保证安全可靠。

(6)及时修正风、流压差,进行航迹推算,对船舶的船位、航向和速度,要根据当时的海上情况选择适当时间间隔(最长不应超过1 h)进行核对,以确保船舶沿着计划航线航行。

(7)负责值班的驾驶员应充分了解船上所有安全和航行设备的放置地点和操作方法,了解舵和螺旋桨的控制性能及船舶操纵特性等,并应了解他们在使用时应注意的问题。

(8)在值班时,要严格遵守规则,充分估计局面(如碰撞、搁浅或其他航行危险),处理好避让关系。

(9)值班人员在进行海图作业、观察雷达和记录航海日志时,必须先认真扫视周围海面,确信在此期间没有航行危险迫近时,方可进行上述工作。在进行上述工作时,应当在尽可能短的时间内完成。

(10)船舶进出港口、靠离码头、航经狭水道、船舶密集区、冰区、能见度不良或临近航行障碍物时,船长应在驾驶台亲自指挥,并可派专人到驾驶台协助瞭望;若值班驾驶员对执行航行职责没有十分把握时,应立即招请船长到驾驶台。

(11)发现遇难的船舶和飞机、遇难人员、沉船和海上漂浮物等,要通知船长或岸台并采取相应措施。

(12)值班人员还应了解由于特殊的作业环境可能产生的对航行值班人员的特别要求。

(13)值班中有下列情况之一时,值班驾驶员应立即报请船长及时处理:

①能见度恶化,值班驾驶员感到无把握时;

②对维持原航行计划感到有困难时;

③在预定的时间内未能看到应看到的导航标志或发现标志不对、对船位无把握时;

④航行在船只密集区或复杂水道,值班驾驶员感到没有把握时;

⑤接到报告或调度命令,渔场有变化需要改变航行计划时;

⑥遇到网具故障或拖网遇障碍时;

⑦主机、舵机或重要导航设施之一发生足以影响正常航行的故障时;

⑧避让中对来船动态、航行中对航区情况、渔捞作业中对渔捞形势障碍物等存有任何怀疑时。

(三)对船长和值班驾驶员的共同要求

(1)渔船航行和作业时,只有船长或值班驾驶员才有权下达舵令;操舵员接到命令后要复诵舵令,执行完舵令后要报告;值班驾驶员接到报告后要回答。命令、复诵、报告和回答要清楚响亮。

(2)驾驶台应保持卫生、整齐、安静,所有与航行有关的物品,都应放置在固定位置上,以便取用。

(3)船长和值班人员应有良好的职业道德,遇有海难事故时,在不危及本船安全的情况下,应全力进行救助。

(4)船长和值班人员应遵守国际、国内有关法律、法规、规章和当地港口港章的有关规定。并应采取一切可能的预防措施,防止污染海洋。

二、交接班要求

(1)交接班必须按时并提前 10 min 在驾驶室内进行,要使接班者头脑清醒,视力调节到适应当时光照条件。

(2)交接班时,必须交清以下内容:

①船位、拖网与放网时间、航向、拖向、拖速、流速、风速、风、流压差等;

②各种助航、助渔仪器的使用情况;

③对拖网的主、副船或围网船和灯光船之间的动态,周围船舶的动态;

④看到或即将看到的岛屿、航标、水面障碍物及海图标注的附近暗礁、沉船、水中障碍物等情况;

⑤天气与海况变化;

⑥航标的识别,下一班可能遇到的危险及有关注意事项的建议;

⑦船长布置的且下一班应知道的事项,航行计划的变化和航海警告、通告等。

(3)值班驾驶员遇有列情况不得交班:

①当班驾驶员正在采取避让措施时;

②正在进行起、放网捕捞作业时;

③值班驾驶员发现接班人员身体、精神状态或其他任何问题无法有效履行值班任务时;

④没有找到转向目标或没有确定精确的船位时;

⑤接班人员没有完全理解交班内容时。

（4）在交接班过程中不免除原值班人员的值班责任。

第三节　捕捞作业和锚泊值班

一、捕捞作业值班要求

（1）拖网渔船作业时，应由船长、船副轮流值班，助理船副执行短程转移渔场时的值班；围网船作业，航测鱼群时，由船长、船副、助理船副轮流值班。不论何种作业方式，起放网时应由船长值班。

（2）在拖网作业、围网带网头寻找鱼群及灯诱过程中值班驾驶员应做好以下工作：

①拖网渔船值班时要控制网档，对船之间保持信号或高频电话机联系，调整拖速，注意网势，保持船舶处于正常拖曳状态。

②拖网时应计算风、流，按计划调整拖向，使船舶处在中心渔场。

③单拖渔船应随时探测水深，调整曳纲长度，保持网板最大张角。

④周围渔船在起网或灯诱过程中，应用探照灯向网具方向照射，防止他船干扰作业。

（3）渔船在进行捕捞作业时，值班驾驶员除应考虑“航行值班”所规定的内容外，还应考虑下列因素并正确地采取行动：

①船舶操纵性能，尤其是停船距离、航行和拖带渔具作业时的回转半径；

②甲板上船员的安全；

③因捕捞作业、渔获物装卸和积载，异常海况和天气状况等而产生的外力对船舶安全带来的不利影响；以及稳性和干舷的降低对渔船安全带来的不利影响；

④附近海上建筑物的安全区域、沉船和其他危及渔具的水下障碍物；

⑤在装载渔获物时，应注意在整个航行期间内都应留有充分的干舷、保持渔船稳定性和水密性，还应考虑燃料和备用品的消耗、可能遇到的异常天气状况和甲板连续结冰可能导致的危险。

（4）值班驾驶员应观察收听渔情动态与电文，提供船长作掌握渔场中心参考。

（5）值班驾驶员应随时掌握网位，不得进入禁区，严格遵守《资源繁殖保护条例》。

（6）严格执行规则和我国颁布的《渔船作业避让暂行条例》进行作业避让，积极防止渔捞事故。

二、锚泊值班要求

（1）锚泊后要根据规则的要求，正确显示号灯、号型和鸣放声号，同时密切注意周围船舶的动态，遇有可能迫近的危险时，要按规则的规定发出声、光信号。

（2）在合适的海图上定出船位，并需经常通过观察水深或岸上及固定目标方位来检查船舶是否有走锚现象。

(3)了解和观测气象、风向、风力、海流和潮汐情况的变化,并要及时根据风向、风力、潮汐、海流等的变化调整锚链。

(4)经常巡回全船,检查船舶各方面情况,各种机器设备是否按要求处于备用状态。

(5)勤测、勤校锚位,防止走锚。发现走锚或危险迫近时,应立即通知船长,并不失时机地通知机舱备车,及时按响警铃通知全船人员。

(6)提前 10 min 交班,交清锚位、周边形势、走锚情况以及其他特殊情况。

本章思考题

1. 简述保持安全值班的重要性。
2. 简述渔船航行值班准则中对船长和航行值班人员的要求?
3. 渔船航行值班、捕捞作业值班和交接班有哪些要求?
4. 简述渔船锚泊值班注意事项。
5. 试述影响渔船安全值班的影响因数有哪些? 如何避免?

第二篇　渔船避碰操作指南

第八章　渔船避碰设施配备

渔业船舶信号设施配备要求如下：

(一)定义

1. 海区划分

A1 海区：系指至少由一个具有连续 DSC 报警能力的甚高频(VHF)海岸电台的无线电话所覆盖的海域。

A2 海区：系指除 A1 海区外，至少由一个具有连续 DSC 报警能力的中频(MF)海岸电台的无线电话所覆盖的海域。

A3 海区：系指除 A1 和 A2 海区外，由具有连续报警能力的 INMARSAT 静止卫星所覆盖的海域。

A4 海区：系指 A1、A2、A3 海区以外的海域。

2. 船长(L)

船长(L)是指船舶总长，单位为米(m)。

3. 国际渔业船舶

国际渔业船舶系指在中国水域以外从事捕捞作业的渔船、渔政船、渔业指导船、科研调研船、实习船及非营业性水产运销船。

4. 非国际渔业船舶

非国际渔业船舶系指在中国水域以内作业、航行的渔业船舶。

(二)渔船信号设备的配备

1. 远洋渔业船舶号灯与号型的配备

远洋渔业船舶号灯与号型配备如表 8-1 所示。

表 8-1　远洋渔业船舶号灯与号型配备

<table>
<tr><th rowspan="2">序号</th><th rowspan="2" colspan="3">号灯名称</th><th colspan="2">总长 $L\geqslant 50$ m</th><th colspan="2">50 m>总长 $L\geqslant 20$ m</th></tr>
<tr><th>数量（盏）</th><th>最小能见距离（n mile）</th><th>数量（盏）</th><th>最小能见距离（n mile）</th></tr>
<tr><td>1</td><td rowspan="4">航行灯</td><td colspan="2">桅灯</td><td>2</td><td>6</td><td>1①</td><td>5</td></tr>
<tr><td>2</td><td colspan="2">左舷灯</td><td>1</td><td>3</td><td>1</td><td>2</td></tr>
<tr><td>3</td><td colspan="2">右舷灯</td><td>1</td><td>3</td><td>1</td><td>2</td></tr>
<tr><td>4</td><td colspan="2">艉灯</td><td>1</td><td>3</td><td>1</td><td>2</td></tr>
<tr><td>5</td><td>锚灯</td><td colspan="2">白环照灯</td><td>2</td><td>1</td><td>1②</td><td>2</td></tr>
<tr><td>6</td><td>失控灯</td><td colspan="2">红环照灯</td><td>2</td><td>3</td><td>2</td><td>2</td></tr>
<tr><td>7</td><td rowspan="5">渔船作业号灯</td><td rowspan="2">拖网作业</td><td>（上）绿环照灯</td><td>1</td><td>3</td><td>1</td><td>2</td></tr>
<tr><td>8</td><td>（下）白环照灯</td><td>1</td><td>3</td><td>1</td><td>2</td></tr>
<tr><td>9</td><td rowspan="3">非拖网作业</td><td>（上）红环照灯</td><td>1</td><td>3</td><td>1</td><td>2</td></tr>
<tr><td>10</td><td>（下）白环照灯</td><td>1</td><td>3</td><td>1</td><td>2</td></tr>
<tr><td>11</td><td>指示渔具方向白环照灯</td><td>1 或 2</td><td>3</td><td>1 或 2</td><td>2</td></tr>
<tr><td>12</td><td rowspan="5">相互邻近处捕鱼额外号灯</td><td rowspan="3">拖网渔船</td><td>白环照灯</td><td>2</td><td>≥1;<2</td><td>2</td><td>≥1;<2</td></tr>
<tr><td>13</td><td>红环照灯</td><td>2</td><td>≥1;<2</td><td>2</td><td>≥1;<2</td></tr>
<tr><td>14</td><td>探照灯</td><td>1</td><td></td><td>1</td><td></td></tr>
<tr><td rowspan="2">15</td><td rowspan="2">围网渔船</td><td>黄色闪光灯</td><td>2</td><td>≥1;<2</td><td>2</td><td>≥1;<2</td></tr>
<tr><td></td><td></td><td></td><td></td><td></td></tr>
<tr><td>16</td><td rowspan="2">号型</td><td colspan="2">球体</td><td colspan="4">3</td></tr>
<tr><td>17</td><td colspan="2">圆锥体</td><td colspan="4">2③</td></tr>
<tr><td colspan="8">注：①可以配备 2 盏桅灯作前后桅灯用；
②可以配备 2 盏白环照灯作前后锚灯用；
③非拖网渔船当有外伸渔具伸出的水平距离大于 150 m 时，应增加 1 个</td></tr>
</table>

2. 号旗的配备

号旗的配备要求如表 8-2 所示。

表 8-2 号旗的配备要求

序号	号旗名称	单位	船舶类型		
			$L \geq 75$ m	$L<50$ m	其他渔业船舶
1	3 号国旗	面	1	—	—
2	4 号国旗	面	2	—	1
3	5 号国旗	面	—	1	2
4	3 号国际信号旗	套	1	—	—
5	4 号国际信号旗	套	—	—	1
6	手旗	副	1	—	1

注 1:表中 L——船长,单位为 m;
注 2:非机动船舶可不配备国际信号旗与手旗;
注 3:凡有船舶呼号的船舶,应配有与国际信号旗相同规格的船舶呼号旗 1 套及国际信号规则 1 本

3. 音响信号器具的配备

音响信号器具的配备要求如表 8-3 所示。

表 8-3 音响信号器具的配备要求

序号	音响信号器具名称	单位	船舶类型			
			$L \geq 75$ m	$20 \leq L<75$ m	$12 \leq L<20$ m	$L<12$
1	大型号笛	个	1	—	—	—
2	中型号笛	个	—	1	—	—
3	小型号笛	个	—	—	1	—
4	大型号钟	个	1	1	—	—
5	小型号钟	个	—	—	1	—

注 1:表中 L——船长,单位为 m;
注 2:船长小于 12 m 的船舶,应配有能发出有效声响的器具 1 个

4. 渔船无线电通信设备配备要求

远洋渔业船舶无线电设备最低配备如表 8-4 所示。

表 8-4　远洋渔业船舶无线电设备最低配备

<table>
<tr><td></td><td colspan="2">海区
设备名称</td><td>A1</td><td>A1+A2</td><td>A1+A2+A3</td><td>A1+A2+A3+A4</td></tr>
<tr><td>1</td><td colspan="2">甚高频无线电装置(VHF)①</td><td>1</td><td>1</td><td>1</td><td>1</td></tr>
<tr><td rowspan="2">2</td><td rowspan="2">气象及航行警告接收机</td><td>NAVTEX 接收机</td><td>1</td><td>1</td><td>1</td><td>1</td></tr>
<tr><td>增强群呼(EGC)②</td><td></td><td></td><td>1</td><td>1</td></tr>
<tr><td rowspan="2">3</td><td rowspan="2">紧急无线电示位标</td><td>VHF-EPIRB</td><td rowspan="2">任选其一</td><td></td><td></td><td></td></tr>
<tr><td>406 MHz-EPIRB</td><td></td><td>1</td><td>1</td></tr>
<tr><td>4</td><td colspan="2">中高频无线电装置(MF/HF)①</td><td></td><td rowspan="2">任选 1 台④</td><td rowspan="2">任选 1 台④⑥</td><td>1</td></tr>
<tr><td>5</td><td colspan="2">INMARSAT 船舶地球站(SES)</td><td></td><td></td></tr>
<tr><td>6</td><td colspan="2">双向无线电话 VHF</td><td>3⑤</td><td>3⑤</td><td>3⑤</td><td>3⑤</td></tr>
<tr><td>7</td><td colspan="2">搜救定位装置(SART)③</td><td>2⑤</td><td>2⑤</td><td>2⑤</td><td>2⑤</td></tr>
<tr><td colspan="7">注:①应具有无线电话、DSC 收发和 DSC 连续值班功能;
②在国际海事卫星覆盖的范围内而该海区又未能提供国际航警电传业务,应配备一台接收海事卫星增强群呼系统播发海上安全信息的设备(EGC),但如船舶仅航行于提供了高频直接印字电报海上安全信息业务的海区且该船已装备了能接收这种业务的设备,则可免除本项要求;
③应为 9 GHz 频带或 AIS 专用频率上工作的搜救定位装置;
④如选用 INMARSAT 船舶地球站时,则必须增配 1 台中频无线电装置;
⑤船长小于 45 m 的船舶,可减少 1 台;
⑥如选用中频/高频无线电装置(MF/HF),则应增配 1 台直接印字电报设备</td></tr>
</table>

注:船长大于等于 45 m 渔船如选用双套作为设备可用性,则应增配甚高频无线电装置(VHF)1 台和中频/高频无线电装置(MF/HF)或 INMARSAT 船舶地球站(SES)1 台。

(三)渔船设备目前存在的主要问题

(1)航行关键设备如雷达、AIS 基本配备,但有效利用率尚低;

(2)信号设备,特别是号灯与号型以及声号设备,配备率较低,且不能正确使用;

(3)无线电设备使用混乱,不能与商船进行有效交流协调避碰;

(4)载重线不规范,水尺勘划不准确;

(5)渔船船员素质参差不齐,缺乏设备维护,操作能力较低;

(6)渔船证书常常与设备不匹配,大马力小证书。

随着政府部门监管力度加大,老旧渔船必将淘汰。通过集中对渔民进行培训,提高渔船船员的业务素质和安全意识,按照规定配备足额的设施设备,将极大地提高渔业船舶的安全生产能力,保障渔民生命财产安全。

本章思考题

1. 远洋渔船应配备多少数量的号灯、号型，号旗，音响设备以及无线电设备，才能符合要求？

2. 结合自身所驾驶的渔船，想一想船上设备存在怎样的问题？应该怎么样改善？

第九章　商、渔船碰撞事故特点和成因

近几年来,随着航运的发展,各类运输船舶数量明显增多使我国沿海海上交通变得越来越拥挤。同时,随着渔业生产快速发展以及中日、中韩、中越北部湾渔业协定的生效,渔民失去了济州岛、大小黑山、对马海峡、沙外渔场东侧等大片传统作业渔场,大量渔船撤回近海渔场从而使近海渔场异常拥挤,加剧了与商船航线的重叠,使得海上交通会遇态势变得愈加复杂,再加上商船和渔船都存在一些驾驶疏忽与陋习,也大大增加了商、渔船碰撞的概率。通过对近年来商、渔船碰撞事故的分析,了解商船与渔船的特点,增强预判能力,避免碰撞事故的发生,对双方船舶的安全航行是非常有益的。

第一节　渔船与商船碰撞事故的特点

一、渔船捕鱼季节性强

为了保护海洋渔业资源,我国农业部自 1995 年开始实行了伏季休渔制度,也就是休渔期,在每年鱼类繁育和幼鱼生长的重要时期三伏季节禁止渔船出海捕鱼,因此在休渔期商船与渔船极少发生碰撞事故,但在非休渔期尤其是春汛季节此类事故频发,且逐年呈上升趋势。

二、渔船损失最为惨重

从以往事故分析来看,在渔船和商船的碰撞中,商船占有绝对的优势和主动地位,而渔船则处于被动和劣势。商船与渔船若发生碰撞,渔船船员死亡、失踪占 94%,这主要是由于我国沿海作业渔船大多为小型木质船壳,其吨位、船体强度、航速与商船相去甚远,一旦发生碰撞,渔船极易严重受损或沉没,造成人员伤亡和重大经济损失。

三、事故最主要发生在夜间或能见度不良时

这是因为船员(渔船船员和商船船员)在夜间值班时麻痹大意,疲劳驾驶而疏于瞭望,同时有的渔船没有正确显示规则规定的号灯;在能见度不良时商船过度依赖雷达等设备造成瞭望上的疏忽,而渔船不按照规则鸣放相应的声号,盲目高速驾驶。

四、事故发生区域比较集中

从海事部门统计数据看,商船与渔船碰撞事故的区域主要集中在几个重点航路的渔场,如舟山渔场、渤海渔场以及石岛渔场等。值得注意的是在中韩、中日渔业以及中越北部湾渔业协定生效后,因渔场面积的缩小,加上渔业资源枯竭,使得渔船密度增加,在渔场区域内尤其是近海和沿岸的渔船常常与商船发生碰撞事故。

五、肇事商船逃逸现象严重

由于碰撞事故大多发生于夜间或者能见度不良的情况,商船在碰撞后不能及时检查发现周边事态,更多的是存在侥幸心理逃逸,然后为了避免责任隐藏事故证据,在对近几年海事部门发出的协查书的统计中发现,在商、渔船碰撞事故中商船逃逸率达到 79.5%。随着船舶远程识别与跟踪系统(LRIT)和船舶自动识别系统(AIS)在船上的运用,主管机关对肇事逃逸行为的处罚力度也在加大,《水上交通肇事逃逸案件调查处理规定》自 2012 年 1 月 1 日施行,肇事逃逸行为一旦被查实,肇事逃逸船舶往往承担全部责任或主要责任,并且船舶和人员将受到从重处罚。

第二节　我国沿海渔船和商船碰撞事故的成因

一、客观原因

(1)船舶交通流密集,航路纵横交错。中国沿海船舶流量和密度大,渔船众多,且多种航路交叉,特别是自长江口至台湾海峡水域,外航路、东航路和中航路及进出港口的航路纵横交错;船舶流量大,交通流十分密集,被誉为"东方比斯开湾",客观上增加了船舶驾驶人员对来船动态和碰撞局面的判断难度。

(2)中国沿海通航秩序复杂。自北向南主要渔区有 10 多个,作业渔船数万计。由于商船航行区域和渔船作业区域没有有效隔离,大量商船不得不穿越渔船密集作业区,导致该区域通航秩序更为复杂。

(3)随着中日韩越渔业协定的生效实施,使得整个中国渔场区域缩减,大量渔船回缩到沿海从事捕捞作业,造成单位面积渔场作业渔船数量大幅度增加,特别是鱼汛期间,作业渔船分布非常集中。

二、渔船方面的因素

(一)渔船的船体和设施方面的缺陷

(1)渔船驾驶台低,造成驾驶人员眼高低,视野相对较窄,客观上导致渔船瞭望局限,特别是两船临近时，渔船驾驶人员往往分辨不出大船的船头，以至于无法采取合理避让措施。

(2)助航及通信设备差，未按规定配备，且长期超负荷运转，缺乏维护保养；一些关键性设备没有正常开启和使用，导致失去了原有的功能。

(3)渔船通信设施配置不合理，设备相对落后，且即使配备了相应的设备，有的渔船船员缺乏相关培训和意识，无法有效利用这些设备进行沟通，或没有保持 VHF16 频道上的守听。

(4)在近海已得不到经济利益的情况下，受投入成本的困扰，有的渔民就不顾自身船舶只适合在沿海作业的状况(有的渔船早已超过报废期限)，忽视安全铤而走险进行远海作业，造成事故隐患重重，发生事故也就成为必然。

(二)对规则的熟悉和理解方面的欠缺

(1)号灯与号型以及声号方面。在对渔船船员培训中发现，相当一部分船员不清楚号灯与号型显示的时间，错误认为“号灯”只在天黑显示，甚至有的船上没有配备号灯与号型，发现大船时倾向于仅用便携式激光灯对其照射；号灯与号型显示不规范，显示的方式更注重把甲板灯开启；不会识别号灯，特别是对拖带信号的识别，常因冒险抢头航行，造成与拖带船组的拖缆或被拖物发生碰撞；操纵船舶时没有按照规则鸣放操纵和警告声号，特别是能见度不良情况下没有有效利用声号来警示周边船舶；在夜间作业时，一些拖网渔船未向本对拖网中另一船方向照射探照灯，白天也不悬挂号型，商船不知道渔船正在进行拖网作业而容易从拖网中间驶过从而发生事故，而有的当大船驶近时，才照射探照灯，造成大船避让被动。此外，在捕鱼作业区内有辅助船或给渔船运送食品等补给船来回穿梭，夜间航行时有的就亮一盏桅灯，有的一盏灯都不开启，在捕鱼船灯光反射下，很难观察其动向。

(2)驾驶和航行规则方面。主要表现为部分渔船驾驶员将“渔船”和“从事捕鱼的船舶”的概念混淆，错误地认为商船应给渔船让路；能见度不良天气对“交叉态势”局面也以交叉局面的避让关系来处理，“碰撞危险”理解成“碰撞”等，事故调查中甚至发现个别渔船驾驶员竟然没听说过规则。

(三)渔船船员的不良习惯、技能、责任心与事故发生直接有关

(1)渔船有抢过大船船头的习惯。

如图 9-1 所示，渔民中流传着这样一种说法“抢过大船头，一年吃穿不用愁”。在运输船舶穿越渔场或在岛礁区狭水道内航行时，商船驾驶人员都遇到过渔船根本不考虑或者意识不到运输船减速或转向避让的操纵困难而抢过大船船头的现象。这个“习惯”对双方的安全航行造成了严重危害，而由于两船在大小、速度上的差异，加上两船驶近时产生的严重的船间效应，渔船很容易出现重大伤亡事故，特别是在晚上商船驾驶员疏于瞭望时，两船间的大小吨位的差异甚至会在大船撞上渔船后大船没有发觉，为此很多渔船付出了惨痛的代价。

(2)渔船具有集群性的作业特点。

当大量的渔船集中在渔场进行捕鱼作业时，范围小至几海里，大至数十海里，尤其在鱼汛期，渔船离港或返港时有跟着走的习惯，一般不轻易变动队形，在与大船会遇时为了不掉队会采取加速等冒险举动，并且不到万不得已时不会主动避让，这给来往航行的船舶避让带来了难度，如图 9-2 所示。

(3)渔民文化程度较低，且参差不齐，缺乏经验和相关培训，与此同时，渔船捕鱼作业时间跨度较长，而且作业劳动强度较大、作息不规律，容易造成渔船船员的疲劳，特别是夜间航行时

图 9-1　渔船抢过大船船头

图 9-2　编队航行的渔船

容易打瞌睡而发生事故。部分船主为了追求利益降低成本，私自减少船员配员，这就使得有的船员充当了多种角色，得不到充分的休息而过度疲劳，从而增加了航行的风险。

（4）语言沟通困难，有些渔船虽然配备了通信器材，双方无线电通信也已建立，但是渔民常用地方语言进行沟通，不用甚至不会说普通话，导致商船与渔船联系时无法理解渔船的意图。

(5)渔船驾驶人员航行时习惯将雷达量程设置在0.5~1.5 n mile挡,认为渔船操作灵活,在1.5 n mile范围内发现来船后再采取行动完全能够避开,但未能充分考虑在来船动态不明的情况下极易造成避让行动不协调导致碰撞。

(6)渔船正常航行、作业时习惯开启甲板强光灯,影响号灯可视距离和包括本船在内的附近所有船舶的正常视觉瞭望,并且容易造成他船对其动态的误判。

(7)渔船捕捞作业期间发现大船驶近时,为保护其渔具或作业区往往会朝向大船驶来,近距离逼迫使大船转向避让,完全不顾大船的操作性能和周围通航环境。

(8)渔船作业方式差异大,号灯、号型显示不规范。中国沿海渔船种类众多,作业方式各有特点,不同种类渔船显示信号各不相同,既有显示航行作业状况信号,又有船队内部间识别信号,客观上导致商船难以熟练掌握渔船信号,进而难以及时、正确地判明渔船动态及附近渔具的碍航情况。

三、商船方面的因素

(一)商船不熟悉渔船的航行作业特点,对穿越渔船密集作业区的危险性认识不足

(1)商船在制订计划航线时,因不了解休渔期、渔场季节变化和作业方式的改变,不能充分考虑渔场、渔区的变迁和作业方式的调整以及渔业生产有“抢风头、赶风尾”的特殊作业习惯等特点,导致制订的计划航线不合理,长时间穿越渔船密集区。

(2)对密集渔区全貌不能有效掌控来决定避让举措。商船在进入渔区之前,特别是密集渔区,因其不了解渔区周围的环境,特别是岛、礁、水深以及其他障碍物的情况,以及可供避让水域的大小,当时的风、流、涌浪的大小和方向,能见度的情况等等,有时也不能做到及早调节雷达量程从而提前观测渔区范围及密集的程度来分析判断是穿越渔区还是绕道航行。

(3)航行期间,因商船驾驶人员对渔船的作业方式、识别标志和航行习惯不熟悉,对渔船操船避让特点不掌握,尤其对沿海渔船有抢越大船船头的不良习惯缺少应有的戒备,一旦遭遇渔船突然抢越船头时缺乏应变措施。

有些小马力渔船夜间根本无灯号显示,商船驾驶员没有认真分辨雷达回波。视力看不见,而雷达又没发现造成碰撞。

(二)仅依赖雷达,不注重观察海面

如图9-3所示,进入密集渔区,往往有的驾驶员由于紧张,死盯住雷达不放,企图从雷达荧光屏中判断渔船的种类和动态,并找出应该避让的办法来,这往往会酿成大错。正确的做法应该以实际观察海面为主。有时雷达荧光屏上显示的渔船似乎很近,相互间隔很小,但实际往往不是这样,没有必要过于紧张。因为有些木质渔船回波率很弱,所以在雷达荧屏上很难发现,有时海浪的回波和渔船的海浪形状、大小差不多,有时渔船在雷达盲区内而未被发现,尤其是浓雾天气。这就要求驾驶员不要过分依赖雷达,而主要凭肉眼和望远镜对海面进行正规地瞭望,做到镜不离手,目不离镜。

(三)没有使用一切有效手段,查清渔船渔具

进入密集渔区,商船没有使用一切有效手段,尽可能迅速查明有碰撞危险渔船的位置、种

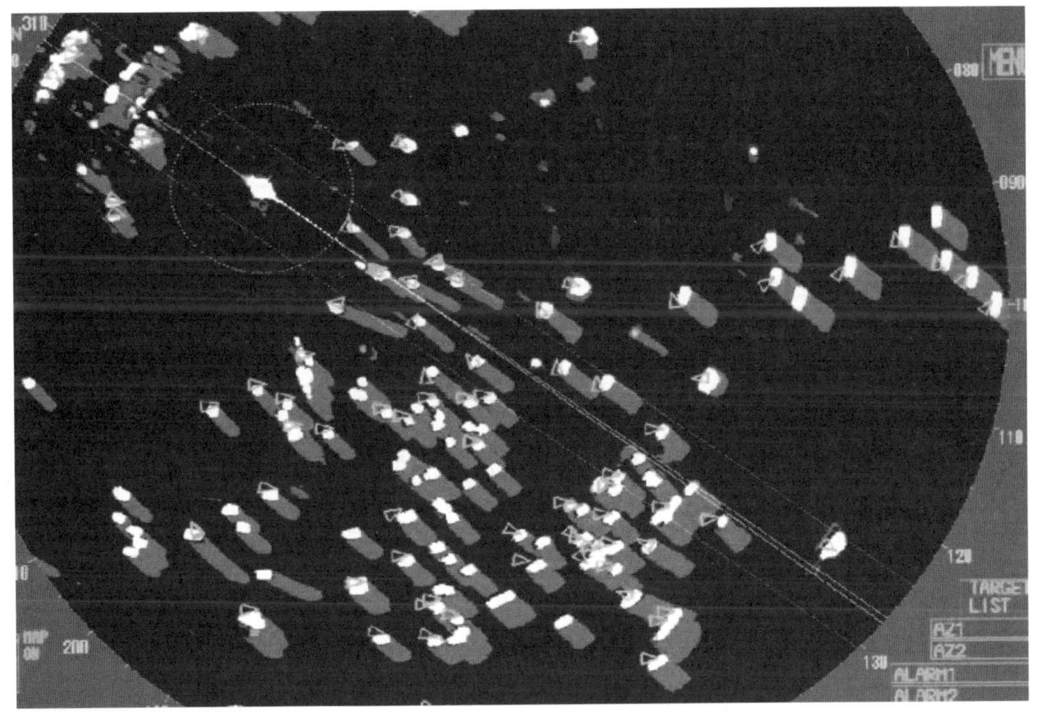

图 9-3 商船雷达上的渔船回波

类、动态及其外伸渔具的方向、长度和位置,盲目地下结论。海上一般先看到白灯闪耀,走近了才能看到识别船舶种类的信号灯,如绿白、红白等等,至于表明其动态的舷灯和艉灯,则只有再进一步接近才能看到,而且舷灯常常和甲板照明灯及其他外露灯光混杂在一起,不易察觉。至于外伸渔具,一般要在更近的距离才能看到,白天要注意表示这些外伸渔具位置的标杆、小旗、泡沫塑料、玻璃浮子或其他小浮标等,晚上要注意相应的小闪光灯、煤油灯等。

(四)碰撞危险不分主次,避让不能做到瞻前顾后

在渔船密集水域,经常会出现与多条渔船有碰撞危险。商船应当特别注意靠近船首方向的、距离近的、渔船速度相对大一点的有碰撞危险的渔船。有的渔船虽不在船首方向但靠近船首,以一定速度近距离接近,有碰撞危险,也不能疏忽大意,但现在有的商船不能有效识别避让主次,不能做到瞻前顾后。在避让时,也不了解所让渔船和周围其他渔船及机动船的关系,以及不能预见可能会出现的避让一船又与其他本来不存在碰撞危险的船形成紧迫局面或碰撞危险。

本章思考题

1. 简述渔船和商船碰撞事故的特点。

2. 商渔船碰撞事故中渔船方面的主要原因有哪些?

3. 结合自身所驾驶的渔船,想一想哪些行为可能存在与商船碰撞的风险?怎么样才能避免?

第十章　渔船避让商船的措施

第一节　避让商船的基本原则

中国沿海商船的主要航路必须穿越渔船密布的传统渔场，与渔船出海捕捞、回港的必经通道交叉。而渔船不了解商船航路和商船船舶特点，在商、渔船会遇时相互间联系不畅，对碰撞危险缺乏应有的准备和应对措施，再者渔船航行中常受到渔具的限制而造成操纵能力的限制，受船舶大小的影响在恶劣海况时不易被商船发现且距商船船头过近时商船在视觉上存在盲区（如图 10-1 和 10-2 所示），因此对于渔船来说，要保证航行安全，航行值班时要遵守“三大要素”——保持正规瞭望、使用安全航速、正确判断碰撞危险。

图 10-1　商船驾驶台盲区

图 10-2　商船驾驶台盲区

一、正规瞭望

避碰规则规定：每一船舶应经常用视觉、听觉以及适合当时环境和情况的一切有效手段，保持正规的瞭望，以便对局面和碰撞危险做出充分的估计。视觉与听觉瞭望简易、方便、直观，能迅速地获取准确的信息，是两种最基本、最重要的手段。现今渔船也都配备了如雷达、AIS等先进的助航设备，驾驶员在使用这些设备时必须充分考虑它们的局限性，在渔船进出港穿越航道或者商船习惯航路时，要明确自己此时的身份——普通机动船，严格按照规则所规定的普通机动船的责任来进行避让，为了安全起见，应首先利用雷达与 AIS 系统进行远距离观察，掌握商船来往动态，及时与商船进行沟通避让，准确选择时机通过，近距离挡时应与视觉、听觉相结合，采取适当而有效的避让行动。当通过能见度不良、狭水道、港口附近、渔区等通航密集区应增加瞭望人员，包括安排人员瞭头，必要时船长应主动到驾驶台监航或亲自操作。

二、安全航速

每一船舶在任何时候均应用安全航速行驶，以便能采取适当而有效的避碰行动，并能在适合当时环境和情况的距离以内把船停住。再决定安全航速时应综合考虑各种因素，安全航速应具备三个条件：

（1）经常性，即在任何时候应保持安全航速；

（2）应变性，即能立即采取适当而有效的措施，以避免碰撞；

（3）适应性，即能适合当时环境及情况的需要，在安全距离内把船停住。不能理解片面认为速度快就不安全，速度慢就安全，最终目的是避免碰撞。值班驾驶员在任何时间应使用适合当时条件的安全航速。

三、正确判断碰撞危险

(1)判断碰撞危险的方法:见第一篇第三章第四节。

(2)判定碰撞危险应注意的问题:

①如有任何怀疑,则应认为存在碰撞危险。尤其是互见中对右舷正横后22.5°左右方向来船,有时无法判定是交叉相遇局面还是追越局面,当存在碰撞危险时,此时应认定自己是让路船,主动采取避让行动。

②穿越航道或者商船习惯航路没有把握或犹豫不定时,值班驾驶员应当认为存在碰撞危险,并通知船长亲自上驾驶台指挥。

③不应当根据不充分的雷达资料对碰撞危险做出判断,有时会导致贸然或盲目地采取避让行动而带来危险。

第二节 渔船避让商船的注意事项

一、合理安排作业水域

为了尽量避免商、渔船碰撞事故,要求商船,通常是过境航行的船舶,尽可能采用《航路指南》《进港指南》等有关主管机关制定的地方性的航行规定,以及习惯的航路、有关船舶定线制等。作为渔船,无论是船舶自身或其渔具,均应尽可能避开以上航路或交通繁忙区域。为此,有关地方主管机关往往通过推荐或划定捕捞、养殖区禁止渔船进入某些规定的通航区域作业,例如,2007年3月我国交通部颁布实施的《青岛水域船舶定线制》规定:“禁止船舶在通航分道内捕鱼。”因此,渔船在进行捕捞作业前应熟悉《全国沿海船舶定线制总体规划》《全国沿海航路总体规划》所规定的商船常用航路以及地方航行规定,在交汇区小心行驶或者尽可能避开行驶。

二、特别注意避碰中渔船的责任和义务

根据规则及《渔船作业避让暂行条例规定》,从事捕鱼的船舶的驾驶人员应该负有如下的责任和义务:

(1)在狭水道或航道以内时,不应妨碍任何其他在狭水道或航道以内航行的船舶通行;

(2)在分道通航制区域内时,不应妨碍按通航分道行驶的任何船舶的通行;

(3)在互见中,与限于吃水的船舶相遇时,应避免妨碍限于吃水的船舶的安全通行;

(4)在互见中,与失控船或操纵能力受到限制的船舶相遇时,应尽可能给后者让路。

根据此类要求,作为从事捕鱼的船舶在碰撞危险之前,应采取行动留出足够的水域供他船安全通行。从事捕鱼的船舶此时如果按照规则要求及早采取了行动,一般不会与他船构成碰撞危险,反之,如果从事捕鱼的船舶由于瞭望或其他原因导致其在碰撞危险之前的一段时间,

没有按照规则采取行动，以致后来构成碰撞危险，作为从事捕鱼的船舶，也不免除这种不应妨碍他船的责任。

三、配齐并合理使用国际信号简语

国际信号简语能够方便明白地告知商船自己的意图和正在进行的作业活动，以便商船采取适当的行动避免碰撞。常用的单字母旗的意义如下：

G 表示“我正在收网”。

Z 表示“我正在放网”。

P 表示“我的网已紧紧地挂在障碍物上”。

T(一长声)表示“我正在从事成对拖捕鱼作业，请让开我”。

四、严格遵守规则以及相关地方规定

渔船驾驶员在驾驶船舶时要提高自身安全意识，特别要注意以下几点：

(1)在航行、锚泊、作业时特别是拖网作业时，确保号灯与号型正确显示。

(2)所有定位设备如 GPS、AIS 和北斗卫星系统始终开启并正确使用，坚决杜绝关闭 AIS 开展非法捕捞的不安全行为。

(3)驾驶员保持正规瞭望，杜绝驾驶台无人值守全船睡觉情况的发生。

(4)雾中航行除保持安全航速和正规瞭望外，还应及时开启航行灯并鸣放相应声号，遵守能见度不良时的行动规则。

(5)保持甚高频 16 频道连续守听，对动态不明的来船主动沟通、呼叫，适时采取主动避让措施。

(6)符合良好船艺要求，避免从商船船首盲区近距离通过，不要抢越商船船头，在避让时的动作幅度应尽可能大，杜绝一系列容易让商船产生误解的小动作。

(7)把好船员聘用关，招聘合法持证且具有基本海上应变、求生能力的船员上岗，应考虑渔船救生设备的承载人数。

(8)加强应急培训演练，所有船员应熟练掌握船用气胀式救生筏、紧急无线电示位标和搜救雷达应答器等救生设备。

(9)甲板作业时要穿好救生衣。

(10)密切关注周围渔船动态，一旦发现他船事故险情及时向渔业主管部门和海上搜救中心报告。

本章思考题

1. 渔船避让商船的主要原则是什么？

2. 渔船避让商船都需要注意哪些方面？

3. 结合自身驾驶渔船的经验，想一想在避让商船过程中是否还有未注意到的地方？

第十一章 碰撞后渔船的应急处理方法

一、渔船应急处理

(1)自救:根据现场情况,主动开展自救,科学的"海上求生"很关键。海上求生就是当船舶在海上发生海难,船长决定弃船时,船上人员利用船上救生设备,运用海上求生的知识和技能,克服海上的困难和危险,延长遇险人员的生存时间,直至脱线获救。

(2)互救:检查船舶的受损情况,采取相应的排水和堵漏方面的措施,在自己船舶没有危险的情况下,了解他船受损情况,并实施必要的应急措施。

(3)报警:利用一切通信手段报告船东、搜救中心(12395)及周围其他船舶。

(4)记录、取证、报案:在确保人员安全的条件下,记录险情发生的时间、位置,碰撞事故要记录对方船舶的特征(船名、呼号、颜色、航向航速等信息)以及逃逸方向等信息,可能的情况下,注意收集比如碰撞痕迹、外来油漆等物证资料,以利于后续调查中保护自身权益。渔港水域事故、渔港水域外的渔船间碰撞事故应报告渔政部门进行调查处理,其他事故应报告海事部门进行调查。

(5)配合调查。注意协助海事调查官员调查,不要干扰妨碍正常的海事调查。

二、海上求生

(一)自我保护的原则

(1)尽量多穿衣服

一般来说,人泡在15~20 ℃的水中,可以生存12 h,水温在10~15 ℃时,大多数人可以生存6 h,水温在5~10 ℃时,有一半人可以生存1 h以上,水温在2~5 ℃时,大部分人的生存时间不会超过1 h。水温在2 ℃以下时,一般人只能耐受几分钟。专家表示,在低温下,人在水中保存体力和体温,延长水中生存时间等待救援是关键。为了节省体力,落水者要脱掉沉重的鞋子,扔掉口袋里沉重的东西,不要贪恋财物,不要有侥幸心理。在条件许可的情况下要适当加穿衣着。

(2)穿好救生衣,依靠救生衣的浮力可以减少落水人员的体力消耗。

(3)避免直接落入水中以免造成对身体的伤害。

(4)入水后快速游离事故船一定距离,以防陷入船舶沉没所产生的漩涡中,并及时登上艇筏。

(5)做好御寒和防晒措施,尽可能地搜寻携带一些淡水和食物,尽量收集毛毯,衣服等保护物。

(二)等待救援

(1)使用帮助发现位置的设备,如火箭降落伞、雷达应答器(SART)和应急无线电示位标(EPIRB),如果事故船只在海中遇险,应该耐心等待救援,期间看到救援船只应挥动手臂示意自己的位置。

(2)增大容易被发现的目标,如一些较大块的残骸等。

(3)合理使用淡水和食物,做好长时间不能被发现和救援的准备。

(4)保持坚定的求生信心:海上遇难后,一般对于正常人致命的威胁正是心理上的恐惧,"只有坚定求生意念,才能等到有效救援",因此平时学习一些自救、生存的常识,对海上发生海难事故时是有好处的,沉着应对能够增大获救的概率。

本章思考题

1. 渔船发生碰撞后的应急处理主要包括哪些方面?
2. 发生碰撞落水后怎样做才能增大获救的概率?

附录一　渔船避碰考试大纲

相关说明：

（一）表中“一级”“二级”“三级”分别对应船舶长度“45 米以上”“24 米以上不足 45 米”“12 米以上不足 24 米”的渔业船舶。

（二）表中“○”对应“了解”层次，“◎”对应“熟悉”层次，“●”对应“掌握”层次。

考核知识点	适用对象					
	一级船长	二级船长	三级船长	一级船副	二级船副	助理船副
一、总则						
1. 规则适用范围	●	●	●	●	●	●
2. 疏忽与背离	●	●	●	●	●	●
3. 一般定义	●	●	●	●	●	●
二、号灯与号型						
1. 基本种类、作用、显示时间	●	●	●	●	●	●
2. 显示与识别	●	●	●	●	●	●
三、声响与灯光信号						
1. 长声和短声的定义	●	●	●	●	●	●
2. 声响器具的配备	●	●	●	●	●	●
3. 操纵与警告信号	●	●	●	●	●	●
4. 能见度不良时的声号	●	●	●	●	●	●
5. 招引注意的信号	●	●	●	●	●	●
6. 遇险信号	●	●	●	●	●	●
四、任何能见度情况下的行动规则						
1. 瞭望	●	●	●	●	●	●
2. 安全航速	●	●	●	●	●	●
3. 碰撞危险	●	●	●	●	●	●
4. 避免碰撞的行动	●	●	●	●	●	●
5. 狭水道航行原则	●	●	●	●	●	●

（续表）

考核知识点	适用对象					
	一级船长	二级船长	三级船长	一级船副	二级船副	助理船副
6. 分道通航制	●	●	●	●	●	●
五、互见中的行动规则						
1. 避让帆船责任和行动	●	●	●	●	●	●
2. 追越	●	●	●	●	●	●
3. 对遇的要件、特点、避让责任与行动	●	●	●	●	●	●
4. 交叉相遇的要件、特点、避让责任与行动	●	●	●	●	●	●
5. 让路船的行动	●	●	●	●	●	●
6. 直航船的行动	●	●	●	●	●	●
7. 船舶之间的责任	●	●	●	●	●	●
六、能见度不良时的行动规则						
1. 一般规定	●	●	●	●	●	●
2. 避让行动规定	●	●	●	●	●	●
七、渔船航行值班						
1. 对船长和航行值班人员的要求	●	●	●	●	●	●
2. 对渔船航行值班、捕捞作业值班和交接班的要求	●	●	●	●	●	●
八、渔船作业避让暂行条例	◎	◎	◎	◎	◎	◎

附录二 1972 年国际海上避碰规则

(经 1981 年、1987 年、1989 年、1993 年、2001 年和 2007 年修正案修正后的综合文本)

第一章 总 则

第一条 适用范围

1. 本规则条款适用于在公海和连接公海可供海船航行的一切水域中的一切船舶。

2. 本规则条款不妨碍有关主管机关为连接公海而可供海船航行的任何港外锚地、港口、江河、湖泊或内陆水道所制定的特殊规定的实施。这种特殊规定,应尽可能符合本规则条款。

3. 本规则条款不妨碍各国政府为军舰及护航下的船舶所制定的关于额外的队形灯、信号灯、号型或笛号,或者为结队从事捕鱼的渔船所制定的关于额外的队形灯、信号灯或号型的任何特殊规定的实施。这些额外的队形灯、信号灯、号型或笛号,应尽可能不致被误认为本规则其他条文所规定的任何信号灯、号型或信号。

4. 为实施本规则,本组织可以采纳分道通航制。

5. 凡经有关政府确定,某种特殊构造或用途的船舶,若不能完全遵守本规则任何一条关于号灯或号型的数量、位置、能见距离或弧度以及声号设备的配置和特性的规定,则应遵守其政府在号灯或号型的数量、位置、能见距离或弧度以及声号设备的配置和特性方面为之另行确定的、尽可能符合本规则所要求的规定。

第二条 责任

1. 本规则条款不免除任何船舶或其所有人、船长或船员由于遵守本规则条款的任何疏忽,或者按海员通常做法或当时特殊情况所要求的任何戒备上的疏忽而产生的各种后果的责任。

2. 在解释和遵行本规则条款时,应充分考虑一切航行和碰撞的危险以及包括当事船舶条件限制在内的任何特殊情况,这些危险和特殊情况可能需要背离规则条款以避免紧迫危险。

第三条 一般定义

除条文另有解释外,在本规则中:

1. "船舶"一词,指用作或者能够用作水上运输工具的各类水上船筏,包括非排水船筏、地效船和水上飞机。

2. "机动船"一词,指用机器推进的任何船舶。

3. "帆船"一词,指任何驶帆的船舶,包括装有推进器但不在使用。

4. "从事捕鱼的船舶"一词,指使用网具、绳钓、拖网或其他使其操纵性能受到限制的渔具捕鱼的任何船舶,但不包括使用曳绳钓或其他并不使其操纵性能受到限制的渔具捕鱼的船舶。

5.“水上飞机”一词,包括能在水面操纵而设计的任何航空器。

6.“失去控制的船舶”一词,指由于某种异常的情况,不能按本规则条款的要求进行操纵,因而不能给他船让路的船舶。

7.“操纵能力受到限制的船舶”一词,指由于工作性质,使其按本规则条款要求进行操纵的能力受到限制,因而不能给他船让路的船舶。“操纵能力受到限制的船舶”一词应包括,但不限于下列船舶:

(1)从事敷设、维修或起捞助航标志、海底电缆或管道的船舶;

(2)从事疏浚、测量或水下作业的船舶;

(3)在航中从事补给或转运人员、食品或货物的船舶;

(4)从事发射或回收航空器的船舶;

(5)从事清除水雷作业的船舶;

(6)从事拖带作业的船舶,而该项拖带作业使该拖船及其拖带物驶离其航向的能力严重受到限制者。

8.“限于吃水的船舶”一词,指由于吃水与可航水域的可用水深和宽度的关系,致使其驶离航向的能力严重地受到限制的机动船。

9.“在航”一词,指船舶不在锚泊、系岸或搁浅。

10. 船舶的“长度”和“宽度”是指其总长度和最大宽度。

11. 只有当两船中的一船能自他船以视觉看到时,才应认为两船是在互见中。

12.“能见度不良”一词,指任何由于雾、霾、下雪、暴风雨、沙暴或任何其他类似原因而使能见度受到限制的情况。

13.“地效船”一词,系指多式船艇,其主要操作方式是利用表面效应贴近水面飞行。

第二章　驾驶和航行规则

第一节　船舶在任何能见度情况下的行动规则

第四条　适用范围

本节条款适用于任何能见度的情况。

第五条　瞭望

每一船在任何时候都应使用视觉、听觉以及适合当时环境和情况的一切可用手段保持正规的瞭望,以便对局面和碰撞危险做出充分的估计。

第六条　安全航速

每一船在任何时候都应以安全航速行驶,以便能采取适当而有效的避碰行动,并能在适合当时环境和情况的距离以内把船停住。

在决定安全航速时,考虑的因素中应包括下列各点:

1. 对所有船舶:

(1)能见度情况;

(2)交通密度,包括渔船或者任何其他船舶的密集程度;

(3)船舶的操纵性能,特别是在当时情况下的冲程和旋回性能;

(4)夜间出现的背景亮光,诸如来自岸上的灯光或本船灯光的反向散射;

(5)风、浪和流的状况以及靠近航海危险物的情况;

(6)吃水与可用水深的关系。

2. 对备有可使用的雷达的船舶,还应考虑:

(1)雷达设备的特性、效率和局限性;

(2)所选用的雷达距离标尺带来的任何限制;

(3)海况、天气和其他干扰源对雷达探测的影响;

(4)在适当距离内,雷达对小船、浮冰和其他漂浮物有探测不到的可能性;

(5)雷达探测到的船舶数目、位置和动态;

(6)当用雷达测定附近船舶或其他物体的距离时,可能对能见度做出更确切的估计。

第七条　碰撞危险

1. 每一船都应使用适合当时环境和情况的一切可用手段判断是否存在碰撞危险,若有任何怀疑,则应认为存在这种危险。

2. 若装有雷达设备并可使用,则应正确予以使用,包括远距离扫描,以便获得碰撞危险的早期警报,并对探测到的物标进行雷达标绘或与其相当的系统观察。

3. 不应当根据不充分的信息,特别是不充分的雷达观测信息做出推断。

4. 在判断是否存在碰撞危险时,考虑的因素中应包括下列各点:

(1)若来船的罗经方位没有明显的变化,则应认为存在这种危险;

(2)即使有明显的方位变化,有时也可能存在这种危险,特别是在驶近一艘很大的船或拖带船组时,或是在近距离驶近他船时。

第八条　避免碰撞的行动

1. 为避免碰撞所采取的任何行动必须遵循本章各条规定,若当时环境许可,应是积极地、及早地进行和充分注意运用良好的船艺。

2. 为避免碰撞而作的航向和(或)航速的任何变动,若当时环境许可,应大得足以使他船用视觉或雷达观测时容易察觉到;应避免对航向和(或)航速作一连串的小改变。

3. 若有足够的水域,则单用转向可能是避免紧迫局面的最有效行动,只要这种行动是及时的、大幅度的并且不致造成另一紧迫局面的。

4. 为避免与他船碰撞而采取的行动,应能导致在安全的距离驶过。应细心查核避让行动的有效性,直到最后驶过让清他船为止。

5. 若需为避免碰撞或需留有更多时间来估计局面,船舶应当减速或者停止或倒转推进器把船停住。

6. (1)根据本规则任何规定,要求不得妨碍另一船通行或安全通行的船舶应根据当时环境的需要及早地采取行动以留出足够的水域供他船安全通行。

(2)如果在接近他船致有碰撞危险时,被要求不得妨碍另一船通行或安全通行的船舶并不解除这一责任,且当采取行动时,应充分考虑到本章各条可能要求的行动。

(3)当两船相互接近致有碰撞危险时,其通行不得被妨碍的船舶仍有完全遵守本章各条规定的责任。

第九条　狭水道

1. 沿狭水道或航道行驶的船舶，只要安全可行，应尽量靠近其右舷的该水道或航道的外缘行驶。

2. 帆船或者长度小于 20 m 的船舶，不应妨碍只能在狭水道或航道以内安全航行的船舶通行。

3. 从事捕鱼的船舶，不应妨碍任何其他在狭水道或航道以内航行的船舶通行。

4. 船舶不应穿越狭水道或航道，如果这种穿越会妨碍只能在这种水道或航道以内安全航行的船舶通行。后者若对穿越船的意图有怀疑，可以使用第三十四条 4 款规定的声号。

5. (1) 在狭水道或航道内，若只有在被追越船必须采取行动以允许安全通过才能追越时，则企图追越的船，应鸣放第三十四条 3 款(1)项所规定的相应声号，以表示其意图。被追越船如果同意，应鸣放第三十四条 3 款(2)项所规定的相应声号，并采取使之能安全通过的措施；若有怀疑，则可以鸣放第三十四条 4 款所规定的声号。

(2) 本条并不解除追越船根据第十三条所负的义务。

6. 船舶在驶近可能有其他船舶被居间障碍物遮蔽的狭水道或航道的弯头或地段时，应特别机警和谨慎地驾驶，并鸣放第三十四条 5 款规定的相应声号。

7. 任何船舶，若当时环境许可，都应避免在狭水道内锚泊。

第十条　分道通航制

1. 本条适用于本组织所采纳的分道通航制，但并不解除任何船舶遵守任何其他各条规定的责任。

2. 使用分道通航制的船舶应：

(1) 在相应的通航分道内顺着该分道的交通总流向行驶；

(2) 尽可能让开通航分隔线或分隔带；

(3) 通常在通航分道的端部驶进或驶出，但从分道的任何一侧驶进或驶出时，应与分道的交通总流向形成尽可能小的角度。

3. 船舶应尽可能避免穿越通航分道，但如果不得不穿越时，应尽可能以与分道的交通总流向成直角的船首向穿越。

4. (1) 当船舶可安全使用临近分道通航制区域中相应通航分道时，不应使用沿岸通航带。但长度小于 20 m 的船舶、帆船和从事捕鱼的船舶可使用沿岸通航带。

(2) 尽管有本条 4(1) 规定，当船舶抵离位于沿岸通航带中的港口、近岸设施或建筑物、引航站或任何其他地方或为避免紧迫危险时，可使用沿岸通航带。

5. 除穿越船或者驶进或驶出通航分道的船舶外，船舶通常不应进入分隔带或穿越分隔线，除非：

(1) 在紧急情况下避免紧迫危险；

(2) 在分隔带内从事捕鱼。

6. 船舶在分道通航制端部附近区域行驶时，应特别谨慎。

7. 船舶应尽可能避免在分道通航制内或其端部附近区域锚泊。

8. 不使用分道通航制的船舶，应尽可能远离该区域。

9. 从事捕鱼的船舶，不应妨碍按通航分道行驶的任何船舶的通行。

10. 帆船或长度小于 20 m 的船舶，不应妨碍按通航分道行驶的机动船的安全通行。

11. 操纵能力受到限制的船舶,当在分道通航制区域内从事维护航行安全的作业时,在执行该作业所必需的限度内,可免受本条规定的约束。

12. 操纵能力受到限制的船舶,当在分道通航制区域内从事敷设、维修或起捞海底电缆时,在执行该作业所必需的限度内,免受本条规定的约束。

第二节　船舶在互见中的行动规则

第十一条　适用范围

本节条款适用于互见中的船舶。

第十二条　帆船

1. 两艘帆船相互驶近致有构成碰撞危险时,其中一船应按下列规定给他船让路:

(1)两船在不同舷受风时,左舷受风的船应给他船让路;

(2)两船在同舷受风时,上风船应给下风船让路;

(3)若左舷受风的船看到在上风的船而不能断定究竟该船是左舷受风还是右舷受风,则应给该船让路。

2. 就本条规定而言,船舶的受风舷侧应认为是主帆被吹向的一舷的对面舷侧;对于方帆船,则应认为是最大纵帆被吹向的一舷的对面舷侧。

第十三条　追越

1. 不论第二章第一节和第二节的各条规定如何,任何船舶在追越任何他船时,均应给被追越船让路。

2. 一船正从他船正横后大于 22.5°的某一方向赶上他船时,即该船对其所追越的船所处位置,在夜间只能看见被追越船的艉灯而不能看见它的任一舷灯时,应认为是在追越中。

3. 当一船对其是否在追越他船有任何怀疑时,该船应假定是在追越,并应采取相应行动。

4. 随后两船间方位的任何改变,都不应把追越船作为本规则条款含义中所指的交叉相遇船,或者免除其让开被追越船的责任,直到最后驶过让清为止。

第十四条　对遇局面

1. 当两艘机动船在相反的或接近相反的航向上相遇致有构成碰撞危险时,各应向右转向,从而各从他船的左舷驶过。

2. 当一船看见他船在正前方或接近正前方,在夜间能看见他船的前后桅灯成一直线或接近一直线和(或)两盏舷灯;在白天能看到他船的上述相应形态时,则应认为存在这样的局面。

3. 当一船对是否存在这样的局面有任何怀疑时,该船应假定确实存在这种局面,并应采取相应的行动。

第十五条　交叉相遇局面

当两艘机动船交叉相遇致有构成碰撞危险时,有他船在本船右舷的船舶应给他船让路,若当时环境许可,还应避免横越他船的前方。

第十六条　让路船的行动

须给他船让路的船舶,应尽可能及早地采取大幅度的行动,宽裕地让清他船。

第十七条　直航船的行动

1. (1)两船中的一船应给另一船让路时,另一船应保持航向和航速。

(2)然而,当保持航向和航速的船一经发觉规定的让路船显然没有遵照本规则条款采取适当行动时,该船即可独自采取操纵行动,以避免碰撞。

2. 当规定保持航向和航速的船,发觉本船不论由于何种原因逼近到单凭让路船的行动不能避免碰撞时,也应采取最有助于避碰的行动。

3. 在交叉相遇局面下,机动船按照本条 1 款(2)项采取行动以避免与另一艘机动船碰撞时,若当时环境许可,不应对在本船左舷的船采取向左转向。

4. 本条并不解除让路船的让路义务。

第十八条　船舶之间的责任

除第九、十和十三条另有规定外:

1. 机动船在航时应给下述船舶让路:

(1)失去控制的船舶;

(2)操纵能力受到限制的船舶;

(3)从事捕鱼的船舶;

(4)帆船。

2. 帆船在航时应给下述船舶让路:

(1)失去控制的船舶;

(2)操纵能力受到限制的船舶;

(3)从事捕鱼的船舶。

3. 从事捕鱼的船舶在航时,应尽可能给下述船舶让路:

(1)失去控制的船舶;

(2)操纵能力受到限制的船舶。

4. (1)除失去控制的船舶或操纵能力受到限制的船舶外,任何船舶,若当时环境许可,应避免妨碍显示第二十八条规定信号的限于吃水的船舶的安全通行。

(2)限于吃水的船舶应全面考虑其特殊条件,特别谨慎地驾驶。

5. 在水面的水上飞机,通常应宽裕地让清所有船舶并避免妨碍其航行。然而在有碰撞危险的情况下,则应遵守本章条款的规定。

6. (1)地效船在起飞、降落和贴近水面飞行时应宽裕地让清所有其他船舶并避免妨碍他们的航行;

(2)在水面上操作的地效船应作为机动船遵守本章条款的规定。

第三节　船舶在能见度不良时的行动规则

第十九条　船舶在能见度不良时的行动规则

1. 本条适用于在能见度不良的水域中或在其附近航行时不在互见中的船舶。

2. 每一船应以适合当时能见度不良的环境和情况的安全航速行驶,机动船应将机器作好随时操纵的准备。

3. 在遵守本章第一节各条时,每一船应充分考虑到当时能见度不良的环境和情况。

4. 一船仅凭雷达测到他船时,应判定是否正在形成紧迫局面和(或)存在着碰撞危险。若是如此,应及早地采取避碰行动,如果这种行动包括转向,则应尽可能避免如下各点:

(1)除对被追越船外,对正横前的船舶采取向左转向;

(2)对正横或正横后的船舶采取朝着它转向。

5. 除已断定不存在碰撞危险外，每一船当听到他船的雾号显示在本船正横以前，或者与正横以前的他船不能避免紧迫局面时，应将航速减到能维持其航向的最小速度。必要时，应把船完全停住，而且，无论如何，应极其谨慎地驾驶，直到碰撞危险过去为止。

第三章　号灯和号型

第二十条　适用范围

1. 本章条款在各种天气中都应遵守。

2. 有关号灯的各条规定，从日没到日出时都应遵守。在此期间不应显示别的灯光，但那些不会被误认为本规则各条款订明的号灯，或者不会削弱号灯的能见距离或显著特性，或者不会妨碍正规瞭望的灯光除外。

3. 本规则条款所规定的号灯，若已设置，也应在能见度不良的情况下从日出到日没时显示，并可在一切其他认为必要的情况下显示。

4. 有关号型的各条规定，在白天都应遵守。

5. 本规则条款订明的号灯和号型，应符合本规则附录一的规定。

第二十一条　定义

1. “桅灯”是指安置在艏艉中心线上方的白灯，在225°的水平弧内显示不间断的灯光，其安装要使灯光从船的正前方到每一舷正横后22.5°内显示。

2. “舷灯”是指右舷的绿灯和左舷的红灯，各在112.5°的水平弧内显示不间断的灯光，其装置要使灯光从船的正前方到各自一舷的正横后22.5°内分别显示。长度小于20 m的船舶，其舷灯可以合并成一盏，装设于艏艉中心线上。

3. “艉灯”是指安置在尽可能接近船尾的白灯，在135°的水平弧内显示不间断的灯光，其装置要使灯光从船的正后方到每一舷67.5°内显示。

4. “拖带灯”是指具有与本条3款所述“艉灯”相同特性的黄灯。

5. “环照灯”是指在360°的水平弧内显示不间断灯光的号灯。

6. “闪光灯”是指每隔一定时间以频率为每分钟闪120次或120次以上的号灯。

第二十二条　号灯的能见距离

本规则条款规定的号灯，应具有本规则附录一第8款订明的发光强度，以便在下列最小距离上能被看到：

1. 长度为50 m或50 m以上的船舶：

——桅灯，6 n mile；

——舷灯，3 n mile；

——艉灯，3 n mile；

——拖带灯，3 n mile；

——白、红、绿或黄色环照灯，3 n mile。

2. 长度为12 m或12 m以上但小于50 m的船舶：

——桅灯，5 n mile；但长度小于20 m的船舶，3 n mile；

——舷灯,2 n mile;
——艉灯,2 n mile;
——拖带灯,2 n mile;
——白、红、绿或黄色环照灯,2 n mile。

3. 长度小于 12 m 的船舶:
——桅灯,2 n mile;
——舷灯,1 n mile;
——艉灯,2 n mile;
——拖带灯,2 n mile;
——白、红、绿或黄色环照灯,2 n mile。

4. 不易察觉的、部分淹没的被拖带船舶或物体:
——白色环照灯,3 n mile;

第二十三条　在航机动船

1. 在航机动船应显示:

(1)在前部一盏桅灯;

(2)第二盏桅灯,后于并高于前桅灯,长度小于 50 m 的船舶,不要求显示该桅灯,但可以这样做;

(3)两盏舷灯;

(4)一盏艉灯。

2. 气垫船在非排水状态下航行时,除本条 1 款规定的号灯外,还应显示一盏环照黄色闪光灯。

3. 除本条 1 款规定的号灯外,地效船只有在起飞、降落和贴近水面飞行时,才应显示高亮度的环照红色闪光灯。

4. (1)长度小于 12 m 的机动船,可以显示一盏环照白灯和舷灯以代替本条 1 款规定的号灯;

(2)长度小于 7 m 且其最高速度不超过 7 kn 的机动船,可以显示一盏环照白灯以代替本条 1 款规定的号灯,若可行,也应显示舷灯;

(3)长度小于 12 m 的机动船的桅灯或环照白灯,如果不可能装设在艏艉中心线上,可以离开中心线显示,条件是其舷灯合并成一盏,并应装设在艏艉中心线上或尽可能地装设在接近该桅灯或环照白灯所在的艏艉线处。

第二十四条　拖带和顶推

1. 机动船当拖带时应显示:

(1)垂直两盏桅灯,以取代第二十三条 1 款(1)项或 1 款(2)项规定的号灯,当从拖船船尾至被拖物体后端的拖带长度超过 200 m 时,垂直显示三盏这样的号灯;

(2)两盏舷灯;

(3)一盏艉灯;

(4)一盏拖带灯位于艉灯垂直上方;

(5)当拖带长度超过 200 m 时,在最易见处显示一个菱形体号型。

2. 当一顶推船和一被顶推船牢固地连接成为一组合体时,则应作为一艘机动船,显示第二十三条规定的号灯。

3. 机动船当顶推或旁拖时，除组合体外，应显示：

(1)垂直两盏桅灯，以取代第二十三条1款(1)项或1款(2)项规定的号灯；

(2)两盏舷灯；

(3)一盏艉灯。

4. 适用本条1或3款的机动船，还应遵守第二十三条1款(2)项的规定。

5. 除本条7款所述外，一被拖船或被拖物体应显示：

(1)两盏舷灯；

(2)一盏艉灯；

(3)当拖带长度超过200 m时，在最易见处显示一个菱形体号型。

6. 任何数目的船舶若作为一组被旁拖或顶推时，应作为一艘船来显示号灯：

(1)一艘被顶推船，但不是组合体的组成部分，应在前端显示两盏舷灯；

(2)一艘被旁拖的船应显示一盏艉灯，并在前端显示两盏舷灯。

7. 一不易觉察的、部分淹没的被拖船或物体或者这类船舶或物体的组合体应显示：

(1)除弹性拖曳体不需要在前端或接近前端处显示灯光外，若宽度小于25 m，在前后两端或接近前后两端处各显示一盏环照白灯；

(2)若宽度为25 m或25 m以上，在两侧最宽处或接近最宽处，另加两盏环照白灯；

(3)若长度超过100 m，在(1)和(2)项规定的号灯之间，另加若干环照白灯，使得这些灯之间的距离不超过100 m；

(4)在最后的被拖船或物体的末端或接近末端处，显示一个菱形体号型，如果拖带长度超过200 m时，在尽可能前部的最易见处另加一个菱形体号型。

8. 凡由于任何充分理由，被拖船舶或物体不可能显示本条5款或7款规定的号灯或号型时，应采取一切可能的措施使被拖船舶或物体上有灯光，或至少能表明这种船舶或物体的存在。

9. 凡由于任何充分理由，使得一艘通常不从事拖带作业的船舶不可能按本条1或3款的规定显示号灯，这种船在从事拖带另一遇险或需要救助的船时，就不要求显示这些号灯。但应采取如第三十六条所准许的一切可能措施来表明拖带船与被拖船之间关系的性质，尤其应将拖缆照亮。

第二十五条　在航帆船和划桨船

1. 在航帆船应显示：

(1)两盏舷灯；

(2)一盏艉灯。

2. 在长度小于20 m的帆船上，本条1款规定的号灯可以合并成一盏，装设在桅顶或接近桅顶的最易见处。

3. 在航帆船，除本条1款规定的号灯外，还可在桅顶或接近桅顶的最易见处，垂直显示两盏环照灯，上红下绿。但这些环照灯不应和本条2款所允许的合色灯同时显示。

4. (1)长度小于7 m的帆船，若可行，应显示本条1或2款规定的号灯。但如果不这样做，则应在手边备妥白光的电筒一个或点着的白灯一盏，及早显示，以防碰撞。

(2)划桨船可以显示本条为帆船规定的号灯，但如果不这样做，则应在手边备妥白光的电筒一个或点着的白灯一盏，及早显示，以防碰撞。

5. 用帆行驶同时也用机器推进的船舶，应在前部最易见处显示一个圆锥体号型，尖端向下。

第二十六条　渔船

1. 从事捕鱼的船舶,不论在航还是锚泊,只应显示本条规定的号灯和号型。

2. 船舶从事拖网作业,即在水中拖曳爬网或其他用作渔具的装置时,应显示:

(1)垂直两盏环照灯,上绿下白,或一个由上下垂直、尖端对接的两个圆锥体所组成的号型;

(2)一盏桅灯,后于并高于那盏环照绿灯;长度小于 50 m 的船舶,则不要求显示该桅灯,但可以这样做;

(3)当对水移动时,除本款规定的号灯外,还应显示两盏舷灯和一盏艉灯。

3. 从事捕鱼作业的船舶,除拖网作业者外,应显示:

(1)垂直两盏环照灯,上红下白,或一个由上下垂直、尖端对接的两个圆锥体所组成的号型;

(2)当有外伸渔具,其从船边伸出的水平距离大于 150 m 时,应朝着渔具的方向显示一盏环照白灯或一个尖端向上的圆锥体号型;

(3)当对水移动时,除本款规定的号灯外,还应显示两盏舷灯和一盏艉灯。

4. 本规定附录二所述的额外信号,适用于在其他捕鱼船舶附近从事捕鱼的船舶。

5. 船舶不从事捕鱼时,不应显示本条规定的号灯或号型,而只应显示为其同样长度的船舶所规定的号灯或号型。

第二十七条　失去控制或操纵能力受到限制的船舶

1. 失去控制的船舶应显示:

(1)在最易见处,垂直两盏环照红灯;

(2)在最易见处,垂直两个球体或类似的号型;

(3)当对水移动时,除本款规定的号灯外,还应显示两盏舷灯和一盏艉灯。

2. 操纵能力受到限制的船舶,除从事清除水雷作业的船舶外,应显示:

(1)在最易见处,垂直三盏环照灯,最上和最下者应是红色,中间一盏应是白色;

(2)在最易见处,垂直三个号型,最上和最下者应是球体,中间一个应是菱形体;

(3)当对水移动时,除本款(1)项规定的号灯外,还应显示桅灯、舷灯和艉灯;

(4)当锚泊时,除本款(1)和(2)项规定的号灯或号型外,还应显示第三十条规定的号灯号型。

3. 从事一项使拖船和被拖物体双方在驶离其航向的能力上受到严重限制的拖带作业的机动船,除显示第二十四条 1 款规定的号灯或号型外,还应显示本条 2 款(1)和(2)项规定的号灯或号型。

4. 从事疏浚或水下作业的船舶,当其操纵能力受到限制时,应显示本条 2 款(1)、(2)和(3)项规定的号灯和号型。此外,当存在障碍物时,还应显示:

(1)在障碍物存在的一舷,垂直两盏环照红灯或两个球体;

(2)在他船可以通过的一舷,垂直两盏环照绿灯或两个菱形体;

(3)当锚泊时,应显示本款规定的号灯或号型以取代第三十条规定的号灯或号型。

5. 当从事潜水作业的船舶其尺度使之不可能显示本条 4 款规定的号灯和号型时,则应显示:

(1)在最易见处垂直三盏环照灯,最上和最下者应是红色,中间一盏应是白色;

(2)一个国际信号旗“A”的硬质复制品,其高度不小于 1 m,并应采取措施以保证周围都能见到。

6. 从事清除水雷作业的船舶,除显示第二十三条为机动船规定的号灯或第三十条为锚泊船规定的号灯或号型外,还应显示三盏环照绿灯或三个球体。这些号灯或号型之一应在接近前桅桅顶处显示,其余应在前桅桁两端各显示一个。这些号灯或号型表示他船驶近至清除水雷船1000 m 以内是危险的。

7. 除从事潜水作业的船舶外,长度小于 12 m 的船舶,不要求显示本条规定的号灯和号型。

8. 本条规定的信号不是船舶遇险求救的信号。船舶遇险求救的信号载于本规则附录四内。

第二十八条　限于吃水的船舶

限于吃水的船舶,除第二十三条为机动船规定的号灯外,还可在最易见处垂直显示三盏环照红灯,或者一个圆柱体。

第二十九条　引航船舶

1. 执行引航任务的船舶应显示:

(1)在桅顶或接近桅顶处,垂直两盏环照灯,上白下红;

(2)当在航时,外加舷灯和艉灯;

(3)当锚泊时,除本款(1)项规定的号灯外,还应显示第三十条对锚泊船规定的号灯或号型。

2. 引航船当不执行引航任务时,应显示为其同样长度的同类船舶规定的号灯或号型。

第三十条　锚泊船舶和搁浅船舶

1. 锚泊中的船舶应在最易见处显示:

(1)在船的前部,一盏环照白灯或一个球体;

(2)在船尾或接近船尾并低于本款(1)项规定的号灯处,一盏环照白灯。

2. 长度小于 50 m 的船舶,可以在最易见处显示一盏环照白灯,以取代本条 1 款规定的号灯。

3. 锚泊中的船舶,还可以使用现有的工作灯或同等的灯照明甲板,而长度为 100 m 及 100 m 以上的船舶应当使用这类灯。

4. 搁浅的船舶应显示本条 1 或 2 款规定的号灯,并在最易见处外加:

(1)垂直两盏环照红灯;

(2)垂直三个球体。

5. 长度小于 7 m 的船舶,不在狭水道、航道、锚地或其他船舶通常航行的水域中或其附近锚泊时,不要求显示本条 1 和 2 款规定的号灯或号型。

6. 长度小于 12 m 的船舶搁浅时,不要求显示本条 4 款(1)项和(2)项规定的号灯或号型。

第三十一条　水上飞机

当水上飞机或地效船不可能显示按本章各条规定的各种特性或位置的号灯和号型时,则应显示尽可能近似于这种特性和位置的号灯和号型。

第四章　声响和灯光信号

第三十二条　定义

1. “号笛”一词,指能够发出规定笛声并符合本规则附录三所载规格的任何声响信号器具。

2. “短声”一词,指历时约 1 s 的笛声。

3. “长声”一词,指历时 4~6 s 的笛声。

第三十三条 声号设备

1. 长度为12 m或12 m以上的船舶,应配备一个号笛,长度为20 m或20 m以上的船舶,除了号笛以外还应配备一个号钟,长度为100 m或100 m以上的船舶,除了号笛和号钟以外,还应配备一面号锣。号锣的音调和声音不可与号钟相混淆。号笛、号钟和号锣应符合本规则附录三所载规格。号钟、号锣或二者可用与其各自声音特性相同的其他设备代替,只要这些设备随时能以手动鸣放规定的声号。

2. 长度小于12 m的船舶,不要求备有本条1款规定的声响信号器具。若不备有,则应配置能够鸣放有效声号的其他设备。

第三十四条 操纵和警告信号

1. 当船舶在互见中,在航机动船按本规则准许或要求进行操纵时,应用号笛发出下列声号表明之:

——一短声 表示"我船正在向右转向";

——二短声 表示"我船正在向左转向";

——三短声 表示"我船正在向后推进"。

2. 在操纵过程中,任何船舶均可用灯号补充本条1款规定的笛号,这种灯号可根据情况予以重复:

(1)这些灯号应具有以下意义:

——一闪 表示"我船正在向右转向";

——二闪 表示"我船正在向左转向";

——三闪 表示"我船正在向后推进"。

(2)每闪历时应约1 s,各闪应间隔约1 s,前后信号的间隔应不少于10 s。

(3)若设有用作本信号的号灯,则应是一盏环照白灯,其能见距离至少为5 n mile,并应符合本规则附录一所载规定。

3. 在狭水道或航道内互见时:

(1)一艘企图追越他船的船应遵照第九条5款(1)项的规定,以号笛发出下列声号表示其意图:

——二长声继以一短声表示"我船企图从你船的右舷追越";

——二长声继以二短声表示"我船企图从你船的左舷追越";

(2)将要被追越的船舶,当按照第九条5款(1)项行动时,应以号笛依次发出下列声号表示同意:

——一长、一短、一长、一短声。

4. 当互见中的船舶正在互相驶近,并且不论由于任何原因,任何一船无法了解他船的意图或行动,或者怀疑他船是否正在采取足够的行动以避免碰撞时,存在怀疑的船应立即用号笛鸣放至少五声短而急的声号以表示这种怀疑。该声号可以用至少五次短而急的闪光来补充。

5. 船舶在驶近可能被居间障碍物遮蔽他船的水道或航道的弯头或地段时,应鸣放一长声。该声号应由弯头另一面或居间障碍物后方可能听到它的任何来船回答一长声。

6. 若船上所装几个号笛,其间距大于100 m,则只应使用一个号笛鸣放操纵和警告声号。

第三十五条 能见度不良时使用的声号

在能见度不良的水域中或其附近时,不论白天还是夜间,本条规定的声号应使用如下:

1. 机动船对水移动时,应以每次不超过 2 min 的间隔鸣放一长声。

2. 机动船在航但已停车,并且不对水移动时,应以每次不超过 2 min 的间隔连续鸣放二长声,二长声间的间隔约 2 s。

3. 失去控制的船舶、操纵能力受到限制的船舶、限于吃水的船舶、帆船、从事捕鱼的船舶,以及从事拖带或顶推他船的船舶,应以每次不超过 2 min 的间隔连续鸣放三声,即一长声继以二短声,以取代本条 1 或 2 款规定的声号。

4. 从事捕鱼的船舶锚泊时,以及操纵能力受到限制的船舶在锚泊中执行任务时,应当鸣放本条 3 款规定的声号以取代本条 7 款规定的声号。

5. 一艘被拖船或者多艘被拖船的最后一艘,若配有船员,应以每次不超过 2 min 的间隔连续鸣放四声,即一长声继以三短声。当可行时,这种声号应在拖船鸣放声号之后立即鸣放。

6. 当一顶推船和一被顶推船牢固地连接成为一个组合体时,应作为一艘机动船,鸣放本条 1 或 2 款规定的声号。

7. 锚泊中的船舶,应以每次不超过 1 min 的间隔急敲号钟约 5 s。长度为 100 m 或 100 m 以上的船舶,应在船的前部敲打号钟,并应在紧接钟声之后,在船的后部急敲号锣约 5 s。此外,锚泊中的船舶,还可以连续鸣放三声,即一短、一长和一短声,以警告驶近的船舶注意本船位置和碰撞的可能性。

8. 搁浅的船舶应鸣放本条 7 款规定的钟号,若有要求,应加发该款规定的锣号。此外,还应在紧急敲号钟之前和之后各分隔而清楚地敲打号钟三下。搁浅的船舶还可以鸣放合适的笛号。

9. 长度为 12 m 或 12 m 以上但小于 20 m 的船舶,不要求鸣放本条 7 款和 8 款规定的声号。但如果不鸣放上述声号,则应鸣放他种有效的声号,每次间隔不超过 2 min。

10. 长度小于 12 m 的船舶,不要求鸣放上述声号,但如果不鸣放上述声号,则应以每次不超过 2 min 的间隔鸣放其他有效的声号;

11. 引航船当执行引航任务时,除本条 1、2 或 7 款规定的声号外,还可以鸣放由四短声组成的识别声号。

第三十六条　招引注意的信号

如需招引他船注意,任何船舶可以发出灯光或声响信号,但这种信号应不致被误认为本规则其他条款所准许的任何信号,或者可用不致妨碍任何船舶的方式把探照灯的光束朝着危险的方向。任何招引他船注意的灯光,应不致被误认为是任何助航标志的灯光。为此目的,应避免使用诸如频闪灯这样高亮度的间歇灯或旋转灯。

第三十七条　遇险信号

船舶遇险并需要救助时,应使用或显示本规则附录四所述的信号。

第五章　豁免

第三十八条　豁免

在本规则生效之前安放龙骨或处于相应建造阶段的任何船舶(或任何一类船舶)只要符合 1960 年国际海上避碰规则的要求,则可:

1. 在本规则生效之日后 4 年内，免除安装达到第二十二条规定能见距离的号灯。

2. 在本规则生效之日后 4 年内，免除安装符合本规则附录一第 7 款规定的颜色规格的号灯。

3. 永远免除由于从英制单位变换为 m 制单位以及丈量数字凑整而产生的号灯位置的调整。

4. (1) 永远免除长度小于 150 m 的船舶由于本规则附录一第 3 款(1)规定而产生的桅灯位置的调整。

(2) 在本规则生效之日后 9 年内，免除长度为 150 m 或 150 m 以上的船舶由于本规则附录一第 3 款(1)规定而产生的桅灯位置的调整。

5. 在本规则生效之日后 9 年内，免除由于本规则附录一第 2 款(2)规定而产生的桅灯位置的调整。

6. 在本规则生效之日后 9 年内，免除由于本规则附录一第 2 款(7)和第 3 款(2)规定而产生的舷灯位置的调整。

7. 在本规则生效之日后 9 年内，免除本规则附录三对声号器具所规定的要求。

8. 永远免除由于本规则附录一第 9 款(2)规定而产生的环照灯位置的调整。

附录三　渔船作业避让暂行条例

第一章　总 则

第一条　本条例适用于我国正在从事海上捕捞的船舶。

第二条　本条例以不违背《1972 年国际海上避碰规则》(以下简称《72 规则》)为原则,从事各种捕捞作业的船舶除严格遵行《72 规则》外,还必须遵守本条例。

第三条　本条例各条不妨碍有关主管机关制定的渔业法规的实行。

第四条　在解释和遵行本条例各条规定时,应适当考虑到当时渔场的特殊情况或其他原因,为避免发生网具纠缠、拖损或船舶发生碰撞的危险,而采取与本条例各条规定相背离的措施。

第五条　本条例各条不免除任何从事捕捞作业中的船舶或当事船长、船员、船舶所属单位对执行本条例各条的任何疏忽而产生的各种后果应负担的责任。

第六条　本条例除第六章能见度不良时的行动规则外,其他各章都为互见中的行动规则。

第七条　本条例所指的避让行动,包括避让船舶及其渔具。

第八条　本条例的解释权属于中华人民共和国农牧渔业部。

第二章　通 则

第九条　拖网渔船应给下列渔船让路:

1. 从事定置渔具捕捞的渔船;
2. 漂流渔船;
3. 围网渔船。

第十条　围网渔船和漂流渔船应避让从事定置渔具捕捞的渔船。

第十一条　各类渔船在放网过程中,后放网的船应避让先放网的船,并不得妨碍其正常作业。

第十二条　正常作业的渔船,应避让作业中发生故障的渔船。

第十三条　各类渔船在起、放渔具过程中,应保持一定的安全距离。

第十四条　在按本条例采取避让措施时,应与被让路渔船及其渔具保持一定的安全距离。

第十五条 在决定安全距离时,应充分考虑到下列因素:

1. 船舶的操纵性能;

2. 渔具尺度及其作业状况;

3. 渔场的风、流、水深、障碍物及能见度等情况;

4. 周围船舶的动态及其密集程度。

第十六条 任何船舶在经过起网中的围网渔船附近时,严禁触及网具或从起网船与带围船之间通过。

第十七条 让路船舶应距光诱渔船 500 m 以外通过,并不得在该距离之内锚泊或其他有碍于该船光诱效果的行动。

第十八条 围网渔船在放网时,应不妨碍漂流渔船或拖网渔船的正常作业。

第十九条 漂流渔船在放出渔具时,应尽可能离开当时拖网渔船集中作业的渔场。

第二十条 从事定置渔具作业的渔船在放置渔具时,应不妨碍其他从事捕捞船舶的正常作业。

第三章 拖网渔船之间的避让责任和行动

第二十一条 追越渔船应给被追越渔船让路,并不得抢占被追越渔船网档的正前方而妨碍其作业。

第二十二条 机动拖网渔船应给非机动拖网渔船让路。

第二十三条 多对渔船在相对拖网作业相遇时,如一方或双方两侧都有同向平行拖网中的渔船,转向避让确有困难,双方应及时缩小网档或采取其他有效的措施,谨慎地从对方网档的外侧通过,直到双方的网具让清为止。

第二十四条 交叉相遇时:

1. 应给本船右舷的另一方船让路;

2. 当让路船不能按上款规定让路时,应预先用声号联系,以取得协调一致的避让行动;

3. 如被让路船是对拖网船,被让路船应适当考虑到让路船的困难,尽量做到协同避让,必要时尽可能缩小网档,加速通过让路船网档的前方海区。

第二十五条 采取大角度转向的拖网中渔船,不得妨碍附近渔船的正常作业。

第二十六条 不得在拖网渔船的网档正前方放网、抛锚或有其他妨碍该渔船正常作业的行动。

第二十七条 多艘单拖网渔船在同向并列拖网中,两船间应保持一定的安全距离。

第二十八条 放网中渔船,应给拖网中或起网中的渔船让路。

第二十九条 拖网中渔船,应给起网中渔船让路。同时起网船,应给正在从事卡包(分吊)起鱼的渔船让路。

第三十条 准备起网的渔船,应在起网前 10 分钟显示起网信号,夜间应同时开亮甲板工作灯,以引起周围船舶的注意。

第四章　围网渔船之间的避让责任和行动

第三十一条　船组在灯诱鱼群时，后下灯的船组与先下灯的船组间的距离应不少于 1 000 m。

第三十二条　围网渔船不得抢围他船用鱼群指示标（灯）所指示的、并准备围捕的鱼群。

第三十三条　在追捕同一的起水鱼群时，只要有一船已开始放网，他船不得有妨碍该放网船正常作业的行动。

第三十四条　围网渔船在起网过程中：

1. 底纲已绞起的船应尽可能避让底纲未绞起的船；

2. 同是底纲已绞起的船，有带围的船应避让无带围的船；

3. 起（捞）鱼的船应避让正在绞（吊）网的船。

第三十五条　船组在灯诱时，“拖灯诱鱼”的船应避让“漂灯诱鱼”和“锚泊灯诱”的船。

第五章　漂流渔船之间的避让责任和行动

第三十六条　漂流渔船在放出渔具时应与同类船保持一定的安全距离，并尽可能做到同向作业。

第三十七条　当双方的渔具有可能发生纠缠时，各应主动起网，或采取其他有效措施，互相避开。

第六章　能见度不良时的行动规则

第三十八条　各类渔船在放网前应充分掌握周围船舶的动态，并结合气象与海况谨慎操作。

第三十九条　及时启用雷达，判断有无存在使本方或他方的船舶和渔具遭受损坏的危险，并采取合理的避让措施。

第四十条　拖网渔船在放网时，应采取安全航速。

第四十一条　拖网渔船在拖网中，应适当地缩小网档。

第四十二条　拖网渔船在拖网中发现与他船网档互相穿插时，应立即停车，同时发出声号一短一长二短声（·—··），通知对方立即停车，并采取有效措施，直到双方互不影响拖网作业时为止。

第四十三条　各类渔船除显示规定的号灯外，还可以开亮工作灯或探照灯。

第七章　号灯、号型和灯光信号

第四十四条　船组在起网过程中，当带围船拖带起网船时，应显示从事围网作业渔船的号灯、号型，当有他船临近时，可向拖缆方向照射探照灯。

第四十五条　围网渔船在拖带灯船或舢板进行探测、搜索或追捕鱼群的过程中，应显示拖带船的号灯、号型；当开始放网时，应显示捕鱼作业中所规定的号灯和号型。

第四十六条　灯诱中的围网渔船应按《72 规则》显示捕鱼作业中的号灯。

第四十七条　下列船舶应显示在航船的号灯：

1. 未拖带灯船的围网船在航测鱼群时；

2. 对拖渔船中等待他船起网的另一艘船；

3. 其他脱离渔具的漂流中的船舶。

第四十八条　停靠在围网渔船网圈旁或在围网渔船旁直接从网中起（捞）鱼的运输船舶，应显示围网渔船的号灯、号型。

第四十九条　运输船靠在拖网中的渔船时，应按《72 规则》显示“操纵能力受到限制的船舶”的号灯、号型。

第五十条　围网渔船在夜间放网时

1. 网圈上应显示五只以上间距相等的白色闪光灯。

2. 如不能按本条 1 款规定显示信号时，应采取一切可能措施，使网圈上有灯光或至少能表明该网圈的存在。

第五十一条　漂流渔船除显示《72 规则》有关号灯、号型外，还应在渔具上显示下列信号：

日间：每隔不大于 500 m 的间距，显示顶端有红色三角旗的标志一面；其远离船的一端，应垂直显示红色三角旗两面。

夜间：每隔不大于 1000 m 的间距，显示白色灯一盏，在远离船的一端显示红色灯一盏。

上述灯光的视距应不少于 0.5 n mile。

第八章　附　则

第五十二条　名词解释

1. “渔船”一词是指正在使用拖网、围网、灯诱、流刺网、延绳钓渔具和定置渔具进行捕捞作业的船舶（但不包括曳绳钓和手钓渔具捕鱼的船舶）。

2. “船组”一词是指由一艘围网渔船，一艘或一艘以上灯光船组成的一个生产单位。

3. “网档”一词是指两艘拖网渔船在平行同向拖曳同一渔具过程中，船舶之间的横距。

4. “带围船”一词是指拖带围网渔船的船舶。

5. “从事定置渔具捕捞的船舶”是指在破泊中设置渔具或正在起放定置渔具或系泊在定置

渔具上等候潮水起网的船舶。

6.“漂流渔船”一词是指系带渔具随风流漂移而从事捕捞作业的船舶(包括流刺网、延绳钓渔船,但不包括手钓、曳绳钓渔船)。

7.“围网渔船”一词是指正在起、放围网或施放水下灯具或灯光诱集鱼群的船舶。

8.“拖网渔船”一词是指一艘或一艘以上从事拖网或正在起放拖网作业的船舶。

第五十三条 本条例自 1984 年 10 月 1 日起施行。

参考文献

[1] 吴兆麟，赵月林. 船舶避碰与值班. 4 版. 大连：大连海事大学出版社，2014.
[2] 张铎.《1972 年国际海上避碰规则》理解与适用. 大连：大连海事大学出版社，2007.
[3] 宋耀华，葛坤. 船舶避碰. 北京：中国农业出版社，2017.
[4] 中华人民共和国海事局. 典型案例调查解析. 大连：大连海事大学出版社，2004.
[5] 赵月林，薛满福. 船舶操纵与避碰. 大连：大连海事大学出版社，2016.